—•• 历史的天空 ••—

中国历代谋士

历史的天空

中国历代谋士

袁世勋 编著

吉林出版集团股份有限公司 | 全国百佳图书出版单位

前 言

古往今来，人类浩瀚如烟的历史长河里，留下了一个个鲜活的面孔，他们或博古通今，或运筹帷幄，或指点江山，或忠君爱国，或遭人唾弃……他们铸就了历史的兴衰与荣辱，辉煌与悲怆。

几千年来的人类文明历史，因为有了这些著名的人物而变得丰富多彩，无论他们是正义抑或是邪恶的，都对历史车轮的前进留下了不可磨灭的印记。

英国哲学家弗朗西斯·培根曾经说过："读史使人明智。"历史蕴含着丰富的经验与真知。本套书不仅仅是让读者学习其中的历史知识，更是希望他们通过阅读这些著名人物的故事，在充分了解昨天的基础上，把握好今天，充实自己的头脑，获得丰富的人生启迪，创造出更加美好灿烂的明天。

在中国的历史上，有一个特殊的群体，那就是谋士，他们足智多谋、运筹帷幄，在帝王将相角逐天下和安邦治国的道路中，他们居功至伟。他们博大精深的智慧和绚丽多彩的人生经验，为后人提供了多方面的启迪和借鉴。

真正的谋士必须具备一项"人"所不具备的能力——谋天下的能力。

人之所以区别于动物而屹立大千世界，正是由于人类深刻了解了这种"恶"的道德层面对于人类自身和人类社会发展的致命危害。从而诞生出对于"性本善"的道德向往，而真正拥有以天下为己任胸怀的士，是那些真正能够将对于人本关怀自始至终贯彻于自己一切行为中的人。因此，所谓谋天下，并不是以天下为个人或集团资本而进行谋划，而是以天下苍生为本源进行呵护的大智谋。这才是谋士的最高境界。

本书内容生动有趣，雅俗共赏。既能休闲阅读，又能开阔视野，让读者在阅读中增长智慧，受益无穷。书中不仅为读者呈献了精彩绝伦的谋略故事，更有耐人寻味的历史谜团，可读性极强。

目 录

执迷不悟——文种
为国尽忠   9
鸟尽弓藏   11
掘墓复仇——伍子胥
一夜白头   14
掘墓鞭尸   16
强秦弱楚——张仪
说魏事秦   20
欺楚怀王   22
纵横捭阖——苏秦
说齐归燕   25
智取东国   29
远交近攻——范雎
拜为丞相   36
巧施离间   37
老谋深算——范增
设鸿门宴   41
陈平离间   43

目 录

运筹帷幄——张良
张良拾履　　　　45
斗智鸿门　　　　47
六出奇计——陈平
声东击西　　　　52
施反间计　　　　56
狂生谋士——郦食其
游说齐国　　　　64
惨遭烹食　　　　66
舌辩之士——陆贾
出使南越　　　　69
陆贾分金　　　　72
百无一失——程昱
审时度势　　　　76
明于军计　　　　79
奇谋毒士——贾诩
献计张绣　　　　87
辅佐曹操　　　　88

目 录

算无遗策——荀攸
得遇明主　　　　　　93
妙计百出　　　　　　94

多谋善断——徐庶
弃武从文　　　　　　100
力荐英才　　　　　　101

大智如愚——鲁肃
合刘抗曹　　　　　　109
单刀赴会　　　　　　112

高俊雅士——庞统
献计征蜀　　　　　　115
庞统测字　　　　　　118

功盖诸葛——王猛
得遇明主　　　　　　122
死仍忧国　　　　　　124

实干宰相——房玄龄
功比萧何　　　　　　127
殚精竭虑　　　　　　128

◆ 目 录 ◆

千秋金鉴——魏征
犯颜直谏　　　　　131
千秋金鉴　　　　　133

善断宰相——杜如晦
尽心辅佐　　　　　135
君臣情深　　　　　136

千古忠义——李绩
千古忠义　　　　　140
知人善用　　　　　141

神机妙算——刘伯温
辅助大明　　　　　145
君臣绝对　　　　　147

叛明降清——洪承畴
松山之战　　　　　149
清初辅臣　　　　　153

元辅高风——范文程
献计献策　　　　　156
开国辅臣　　　　　158

执迷不悟——文种

春秋之际，周王室的势力日益衰微，各诸侯国为了争夺领导地位，相互攻伐，不断混战。在诸侯争霸的过程中，出现了一批杰出的谋略家，文种就是其中著名的一位。文种是越王勾践手下的谋士，和范蠡一起为勾践最终战胜吴王夫差立下了汗马功劳，勾践灭掉吴国后，文种不听范蠡的劝告，觉得自己功劳很大，继续留在朝中做官，最后落得被勾践下令赐死的悲惨结局。

为国尽忠

春秋末年，南方的吴国和越国之间战争不断。后来，越国被吴国打败，越王勾践被吴军团团包围在会稽山上，危机之时，勾践派文种前往吴军议和。

文种初次来到吴军军营，却受到了吴王夫差的忠正大臣伍子胥

谋士文种在镇海碑文

的极力阻挠,结果是徒劳一场。回来后文种和范蠡商量:现在的局势对他们不利,硬拼绝对不是好办法。通过冷静分析,他们认为吴王夫差好色,而他的大臣太宰伯嚭又贪财,这都是可以利用的弱点。于是,越国先暗地里用美女和宝物买通了伯嚭,然后让他转交给吴王夫差,然后文种再次前去求和。

　　文种见到吴王,大声说道:"如果大王能够赦免勾践的罪过,越国愿意把宝物都献给大王,全国的人都愿意作为大王的臣子,如果大王不允许,那么勾践将会把妻子和孩子全都杀掉,把宝物全都烧掉,然后用尽所有的力量来与您拼命!"一番话分析了利与害,软中带硬。此时被收买的伯嚭也在一旁帮腔:"越国已经愿意臣服于大王,如果大王能再赦免勾践的罪过,对吴国来说实在是太有利了。"吴王终于同意议和,撤兵而回。

　　会稽山之围解除之后,勾践和范蠡作为人质前往吴国,而越国的国政就交给了文种,文种主持国政期间,认真负责,积极发展生产,使得越国很快从战争的阴影中恢复过来。

　　公元前491年,在吴国已经被囚禁了三年的勾践终于回到越国,他暗自发誓:一定要打败吴国,一雪前耻。勾践找来了文种,向他请教如何才能打败吴国。文种总结商周以来的经验教训向勾践提

谋士文种墓

出了九条建议，这就是著名的"灭吴九术"。

根据文种和范蠡的建议，越王勾践励精图治，积极发展生产，训练士兵，国力大增。同时派人收买夫差手下的大臣，又给他送去美女和金银，使得吴国放松了对越国的警惕。经过几年的时间，越国渐渐富强起来，在与吴国的斗争中越来越占据上风，这些都和文种的谋略是分不开的。

文种故里桥

鸟尽弓藏

勾践依照文种的计谋，向吴国借了一万石的粮食，两年之后，挑选最好的谷子，并将它们蒸熟了之后归还给吴国。吴王夫差不知道这是越国的阴谋，见越国归还的谷子粒大饱满，便下令把这些谷子分发给农民播种。可煮熟的谷子哪能生根发芽呢？结果稻谷不生长，吴国闹起了严重的饥荒，国家大乱。

勾践看到时机已经成熟，起兵攻打吴国，吴国灭亡，吴王夫差也成了越国的俘虏。后来夫差不堪忍受侮辱，用自己的宝剑自杀了。

灭吴后，越国成为一方的霸主，而就在此时，与文种同为功臣的范蠡却辞官而去，临走的时候，他留给文种一封信："飞鸟被打光了，弓箭就会被收藏起来，不再使用。兔子死了，那猎犬也就

文种创意像

没用了，会被主人杀了吃掉。在困难的时候可以和你共患难，但有了好处的时候却不愿意和别人分享。你为什么还不离开呢？"

文种看过书信，并没有听从范蠡的劝告，相反他认为自己功劳这么大，越王不会拿自己怎么样。因此，他就假装有病不去上朝。结果一些别有用心的人便向勾践诬告文种，说文种想要造反。

勾践听信了谗言，赐给文种一把名为"属缕"的剑，说："你当初给我出了七条对付吴国的策略，我只用三条便打败了吴国，剩下四条在你那里，你用这四条去地下为寡人的先王去打败吴国的先王吧！"于是文种被迫自杀身亡。

掘墓复仇——伍子胥

伍子胥是春秋时期吴国的大臣，历史上著名的谋士和军事家，同时也是一个饱受争议的人物。他辅佐吴王向西打败了强大的楚国，向北又先后击败徐国、鲁国和齐国，成为春秋时期的一代霸主。可以说伍子胥功不可没，但是在攻破楚国之后，伍子胥却将已经去世的楚平王的尸体从坟墓中挖出来，鞭尸泄愤，这也在他的一生中留下了不光彩的污点。

伍子胥原来是楚国人，他的父亲伍奢是楚平王太子的老师，伍子胥从小就受到了良好的教育，性格刚强，尤其是他喜欢读书和习武，为人勇敢而又有谋略。可是谁也没有想到灾难会从天而降。公元前522年，楚平王怀疑太子建勾结其他诸侯，想要造反作乱，就想要废掉太子。这时大臣费无忌说道："太子谋反都是太子的老师伍奢教的，应该把他一起杀掉，为了斩草除根，伍奢的两个儿子也不能放过。"这样楚平王就将伍奢和他的长子伍尚骗到郢都杀害了。伍子胥知道这是个阴谋，所以没有前去，而是逃跑了。楚平王一听勃然大怒，下令一定要抓到伍子胥，一时间楚国到处都在通缉伍子胥。

伍子胥一路被楚军追杀，整天东躲西藏。有一天，他慌不择

路,跑到了长江边上,前面是浩荡的江水,后面是捉拿他的官兵,该怎么办呢?正当他绝望的时候,远远地看到江上划来了一艘小船。船上的渔翁连忙招呼他上船。伍子胥上船之后,渔翁迅速划起小船躲进芦苇荡里隐藏了起来,追兵见伍子胥不见了踪影,也离开了。

渔翁划船将伍子胥送到岸边,又给他送来酒肉,让伍子胥饱餐了一顿,伍子胥千恩万谢,想要问渔翁的姓名。渔翁说:"自己浪迹在这长江之上,你要我的姓名又有什么用呢?就叫我渔丈人就行了。"伍子胥谢过渔翁转身离开,可是走了没几步,又担心渔翁去告密,所以又走了回来,把自己随身佩戴的祖传宝剑——七星龙渊剑送给渔翁,并再三恳求渔翁千万不要把自己的行踪告诉别人。

渔翁接过宝剑,看了看伍子胥,仰天长叹:"楚王为了逮捕你,出了五万石米粮作赏金,还会封告发者'大夫'的爵位。我不贪图赏金和爵位,又怎么会贪图你的宝剑呢?"

一夜白头

伍子胥辗转来到了离昭关六十里的一个小山下,只要过了昭关,就是一条大河,然后就可以坐船直接跑到吴国去了。但是,守卫昭关的是楚国右司马远越,想顺利通过昭关,比登天还难。

这时候,扁鹊的弟子东皋公就住在这座山上,他从悬赏的画像上认出了伍子胥,对他的冤屈和遭遇非常同情,就决定帮助他。东皋公把伍子胥带到了自己的家里,每天用好酒好菜招待他,可是一连七天就是不提带他过昭关的事情。

伍子胥实在等不及了,便对东皋公说:"我还有大仇没有报,过一天就像过一年那样漫长，耽搁的这几天，我好像要死掉一样，先生有没有什么办法能帮助我过关？"东皋公说："我已经制订了一个可行的计划，只是还要等一个人到来才能实施。"

伍子胥听后犹豫不决，当天晚上，他翻来覆去睡不着，想要告别东皋公离开吧，又怕自己过不了关，反而招来杀身之祸；可是在这里等吧，又不知道要等多久。一晚上就像身上扎了千万根刺一样，刚躺下又站起来，围着屋子转圈。不知不觉到了天亮，伍子胥来见东皋公，东皋公一见他，大吃一惊，说道："你怎么一夜之间头发全白了？"

伍子胥赶忙照镜子，可不是嘛，头发全白了。不由得在心里暗暗叫苦。没想到东皋公反而大笑。他说道："这下我的计策可以实施了，前几天我请我的朋友皇甫讷前来，他跟你长得很像，我想让他和你调换一下，蒙混过关，现在你的头发全白了，不用化妆别人也认不出你来了。"

当天，皇甫讷按时来到东皋公家里，伍子胥装备成皇甫讷的仆人一同前往昭关，离着很远，守城官兵以为皇甫讷是伍子胥，便全力捉拿，一时之间城门大乱。伍子胥便趁乱通

伍子胥塑像

过了昭关。等官兵最后抓住皇甫讷时,才发现抓错了。因为很多官兵都认识他,而且东皋公又和右司马远越关系非常要好,所以这件事最后也就不了了之。

掘墓鞭尸

伍子胥来到吴国后,得知吴王僚昏庸,而公子光有远大的志向,便向公子光推荐刺客专诸,让专诸以献上美味的鱼肉为借口,在鱼肚子里暗藏匕首,刺杀了吴王僚。僚死后,公子光继位,他就是吴王阖闾。而伍子胥也得到重用。他辅佐吴王阖闾制定法律,选用人才,奖励农商,发展生产,整顿军备;又推荐精通用兵之道的孙武做大将,训练士兵;使得吴国成为东南地区的强国。

伍子胥和孙武又根据吴国与周边各国的强弱对比和相互关系,制定了先进攻西面的楚国,解除吴国最大的威胁这一策略。之后再消灭越国,最终达到称霸的目的。

公元前512年,趁着楚国内乱这一时机,伍子胥提出把吴军分成三部分,轮番进攻楚国,引诱楚军迎敌,楚军前进吴军就后退,楚军后退吴军就前进,以达到使楚军疲惫的目的。在之后的几年里,伍子胥的计策得以实施。一方面,迫使楚军被动应战,

伍子胥塑像

十分疲惫，实力大大削弱；另一方面，也在为大举进攻楚国作好准备。同时，伍子胥联盟了与楚国有矛盾的唐国、蔡国，使得楚国北方门户大开。为之后避开楚军主力突袭楚国创造了条件。

伍子胥又出兵越国，给楚国造成了吴国不会攻打楚国的假象。并使用反间计，使得楚国君臣不和，临时换将，将能打仗的大将子期换成了贪婪无能的子常。

准备结束之后，伍子胥和孙武辅佐阖闾率大军沿着淮水向楚国进攻，从楚国防守力量薄弱的东北方发动了突然袭击，直捣楚国的都城。孙武用机动灵活的战法，大败楚军主力。最终攻破了楚国的都城郢都。

伍子胥一心想要为父亲和哥哥报仇，可是当时楚平王已经死了，伍子胥就命人挖开楚平王的坟墓，把平王的尸体抬出来，并用钢鞭痛打了三百下，楚国人看到吴国人复仇心如此强烈，都感到十分害怕。后来，楚国在秦国的帮助之下，才得以复国。

吴王阖闾临死之时，将儿子夫差托付给了伍子胥，并封他做爵位最高的相国公，最终吴国打败了越国，越国差一点就亡国了，可是夫差又急于称霸中原，就打算和越国议和。

伍子胥预见到吴国和越国将来不可能和平相处，又察觉到越王勾践有东山再起的想法。因此，劝说夫差不要养虎为患，应该趁机灭掉越国。但是越国收买了夫差的权臣伯嚭，替越国说了不少的好话，所以吴王夫差并没有理会伍子胥的建议。伍子胥眼见越国一天天恢复和壮大，心急如焚，却没有办法。

后来，吴王夫差又要大举进攻齐国，而越王勾践等人趁机也带人来朝见夫差，劝说夫差进攻齐国。伍子胥再次劝说夫差先不

要进攻齐国,而要先灭掉越国,先消灭这个心腹大患,但是夫差又对伍子胥的建议不予理会。伍子胥知道夫差被眼前的利益冲昏了头脑,不会听从自己的建议,而吴国最终一定会被越国灭掉,所以就把自己的儿子送到齐国去躲避战祸。

为了除掉伍子胥,勾践和手下便使出一条毒计,派人给伯嚭送去大量的财宝和美女,让他在吴王夫差面前说伍子胥的坏话。

伯嚭原来和伍子胥一样,都是楚国人,他在伍子胥来吴国之后才到吴国。据说,当时有个看相的人对伍子胥说:伯嚭这个人,没什么本事。只会拍马屁,让伍子胥提防这个人,但伍子胥想他和伯嚭都来自楚国,和楚国都有深仇大恨,就没有听这个人的劝告。

这时,被收买的伯嚭就在夫差面前进谗言,说伍子胥把儿子送到齐国就是想要背叛吴国。结果夫差相信了伯嚭的话,下令赐给伍子胥一把宝剑,命令他自尽。没想到伍子胥早就想到了会有这一天,并不害怕,在临死前对周围的人说:"等我死了,将我的眼睛挖出来悬挂在吴国都城的东门上,我要看着越国是怎么样灭掉吴国的。"说完便自杀身亡了。

吴王夫差听说这件事后非常愤怒,便命人把伍子胥的尸体装进皮革做的袋子里,在五月初五那天扔到了大江里,苏州人为了纪念伍子胥,后来把这条江改名叫胥江。

而事情的发展也正如伍子胥生前预想的一样,没过几年,吴国便被越国灭亡了。

强秦弱楚——张仪

在战国七雄中，秦国的实力数一数二。秦国在商鞅变法后，经济得到了快速发展，国家很快富强起来，建立起一支能征善战的秦军。从秦孝公开始，秦国的历代国君通过对外战争，夺取了很多土地。

齐、楚、燕、赵、魏、韩等六国看到秦国这样厉害，都很害怕，就想把六个国家联合起来，共同对抗秦国，也就是"合纵"抗秦，而另一派就是主张和秦国亲近，这一派被称为"连横"。主张"连横"的人认为，不论哪个国家，只有和秦国联盟，去对付其他国家，才能取得胜利。当时倡导"连横"最著名的人就是张仪。

张仪从小读了很多书，相传他拜鬼谷子为师，在学到了一身本领后，就下山到各国游说，可是因为他出身贫寒，很多人都瞧不起他。后来他听说楚国的相国昭阳正在招揽天下有才能的人做门客，就去投奔昭阳，

秦惠王之墓

做了他的门客。

昭阳四处征战,为楚国立下了汗马功劳,楚王大喜之下就把国宝"和氏璧"赏赐给了他,昭阳十分珍爱它,常常带在身边赏玩。

一日,昭阳大宴宾客后,拿出"和氏璧"炫耀,给大家传看,谁知宴席散后,发现玉璧不见了,昭阳很着急,便命人四处寻找,可怎么也找不到。这时,有人对昭阳说:"这宝贝一定是让张仪这个穷鬼偷去了。"昭阳看看张仪那个寒酸的样子,也起了疑心。于是就叫人把张仪捆绑起来,用鞭子痛打他。让他承认偷了宝玉。最后打得张仪皮开肉绽,鲜血直流,他也不承认。昭阳眼看张仪快被打死了,才叫人住手。有人见他可怜,把他送回家中,他的妻子见到这样的惨状,心疼地哭着说:"在家老老实实种地,哪里会受这种罪?"

张仪气息微弱,上气不接下气地说:"不要难过,你瞧瞧我的舌头还在吗?"他的妻子好气又好笑地说:"你这个死东西,打得这么重你还开玩笑,打在你身上,还能把舌头打掉?"张仪安慰妻子说:"舌头没打掉就好。只要舌头还在,我什么也不怕。"

半年后,张仪的伤口愈合,楚国也待不下去了,他就离开楚国,投奔了秦国。

说魏事秦

张仪来到秦国后,秦惠文王很赏识他的才干,没有嫌弃张仪贫寒,让他做了客卿。公元前328年,张仪和公子华奉命领兵攻打魏国,一举攻下了魏国的蒲阳城。张仪趁机向秦惠文王献上了自己"连横"的计策。他建议秦王把蒲阳还给魏国,把公子繇送到魏国去当人质,而他正好趁这个机会接近魏王,劝说魏王投靠秦国。秦惠文王同意了张仪的建议。

张仪来到魏国后,对魏王说:"秦国对待魏国可是真心实意的好啊!送来城池不说,又送人质来到魏国,魏国怎么说也不应对秦国失礼呀,应该想办法来报答一下吧?""怎样报答呢?"魏王问道。"秦国只喜欢土地,魏国如果能送一些地方给秦国,秦国一定会把魏国视为兄弟之国。如果秦魏结成联盟,合兵讨伐其他诸侯国,魏国将来从别的国家取得的土地肯定会比送给秦国的土地多很多倍。"魏王被张仪说动了心,于是把上郡十五县和河西重镇少梁献给了秦国,从此秦魏和好。张仪的"连横"政策首战告捷。至此,黄河以西地区全部归秦所有。

张仪回到秦国后,立即就被秦惠文王提拔为相,得到重用。

为了使魏国进一步臣服于秦国,张仪于公元前322年辞去秦国相位,来到魏国。魏王因为张仪的名声很大,就让他做了魏国的相国,张仪当上相国后,一有机会便劝说魏王归顺秦国。经

楚怀王塑像

过张仪的不断游说，魏王思虑再三，最后同意了张仪的观点，不久，魏王派太子到秦国去朝见秦王，向秦表示愿意归顺。

欺楚怀王

楚国的国君楚怀王听说张仪成了秦国的相国，十分不安，担心张仪会因为昭阳诬赖他偷玉璧的事情向楚国报复，就与齐国结成了联盟，共同对付秦国。齐、楚都是大国，对秦国是一个严重的威胁。张仪自告奋勇向秦王请求去拆散齐、楚联盟。秦王答应了。

公园前313年张仪来到楚国，他知道楚王最宠信的大臣是上官大夫靳尚，而这个靳尚又是个贪财的小人，就暗地里送去了许多金银财宝，靳尚得到了贿赂，处处帮着张仪说话。

张仪见到楚怀王，根本不提以前在楚国受辱之事，只是表示，此次来是为了秦楚两国的友好。楚怀王也很高兴地说："与秦国结盟，是楚国多年的愿望。"张仪接着说："当今天下的七个国家中，实际上只有秦、楚、齐最强大，如果秦国和齐国联合，那么齐国就强了，如果秦国和楚国联合，那么楚国就强了，秦国很愿意和楚国结盟，但前提是楚国必须和齐国断交，如果大王和齐国断交，那么秦国愿意送给楚国六百里的土地。"楚王一听，非常高兴，马上答应和齐国断交。

朝中大臣都赞成楚王的决定，只有大臣陈轸和屈原表示反对，并劝楚怀王不要上当。这时，被张仪收买的靳尚出来说道："你们说得轻巧，不跟

张仪像

齐国断交,秦国能把六百里的土地白白送给我们?天下哪有这样便宜的事?"楚怀王一听这话有理,于是一面派人去与齐国断交,一面派人随张仪去秦国,办理土地移交手续。

可是到了秦国,张仪假装摔断了腿,躲了起来。楚国使臣等了三个月也不见张仪的面,就直接给秦惠王写了一封信,说明张仪答应给楚国土地的事。

秦惠王答复说:"张仪答应的事,一定会照办的,但必须看到秦国与齐国断交的文书,方能照办。"使臣把这意思报告给楚怀王,怀王以为秦国嫌他与齐国断交不坚决,就派人去齐国边境上惹是生非,挑起边境战争。齐王很生气,就派人去秦国,约好一起打楚国。

张仪一看自己的计谋得逞了,就去见楚国使臣,让他回去接受自己的六里土地,使臣一听,大吃一惊说:"什么,六里?我们大王告诉我的是六百里呀!"张仪若无其事地说:"大概是楚王听错了吧,我说的是六里。试想,秦国的土地都是血汗换来的,怎么会白白地送人呢。"

使臣回来报告,楚王可气坏了,马上下令发兵十万攻打秦国,可是秦国早有准备,齐国也派兵前来助战,结果楚军大败而归,又损失了大片的土地。

张仪利用自己的聪明才智,在各个国家之间互相游说,破坏了其他各国"合纵"抗秦的计划,为秦国最后统一天下立下了汗马功劳,他也因此被秦王封为武信君。秦惠文王死后,因为即位的秦武王在当太子的时候就不喜欢张仪,张仪逃到魏国,并出任魏相,两年后病逝。

纵横捭阖——苏秦

在战国时期,有一群特殊的人物,他们才华横溢,饱读诗书,又有非常好的口才。他们游走于七国之间,劝说六个国家联合对抗强大的秦国,这种策略叫合纵;抑或是为了对抗别的国家选择与秦国联合,这种策略叫连横。这些人则被称为纵横家。而苏秦就是一个著名的纵横家。

相传苏秦与张仪一样,都是鬼谷子的学生,但与张仪主张联合秦国瓦解六国不同,苏秦主张六个国家联合起来共同对抗秦国。因此,他游说在六国之间,最终成了六个国家的相国,成为战国时期非常有权势的人物。

苏秦出身于一个农民家庭,虽然出身贫寒,可是从小就有远大的志向。相传他拜鬼谷子为师进行学习,与张仪是师兄弟。多年之后,当学成下山的时候,便来到当时强大的秦国,想要向秦王推销自己的统一中国的策略,可是他家境贫寒,没人瞧得起他,所以这一次他并没有成功。想要回家,可是盘缠都已经花完了,只能边要饭边往家走,一路上历尽坎坷,身上的衣服也坏了,终于回到了家中。可是,让他没有想到的是,回到家,他的妻子看到他这番模样,也嫌弃他;他饿了,想向嫂子要点东西吃,嫂子也看不起他。苏秦暗暗在心里发誓,一定要干出一番大事业,给这些瞧不起他的人看看。

　　苏秦把自己关了起来,每天读书都读到很晚,有的时候实在太困了,不知不觉就睡着了,这怎么办呢?不经意间,苏秦看到了放在床边的一把锥子。办法有了!每当自己读书困的时候,他就拿起锥子,向自己的大腿扎去,疼痛使他马上就清醒了,然后继续读书。这就是成语"悬梁刺股"中"刺股"的由来。

说齐归燕

　　燕王晚年的时候,把王位让给了大臣子之,引起了太子和将军的不满。一时之间,燕国大乱。而齐国趁机向燕国进攻,只用了五十多天就几乎占领了燕国全境。燕国因为这件事差点亡国。

苏秦塑像

后来，赵武灵王带兵护送燕国公子职回到燕国，并拥立他为燕昭王，这才解了燕国的围困。

燕昭王继位后，招揽天下有才能的人，整顿军队，积极准备对齐国进行报复。苏秦在这个时候来到燕国，而且凭借自己的才能已经得到了燕昭王的初步信任。燕昭王就给了苏秦一个任务，让他出使齐国，要回被齐国所侵占的土地。

苏秦来到齐国后，见到齐宣王后，先拜了两拜对齐宣王表示祝贺，之后突然抬起头说起悼词来了，齐宣王一听大怒，手拿兵器，后退几步对苏秦说："你这人怎么回事，哪有道贺紧接着就念悼词的？"

苏秦回答："当人感到饿的时候，他也不会去吃毒药，因为他知道毒药即使能填饱肚子，也会使人在不久之后死掉，现在燕国虽然很弱小，但是他和强大的秦国有亲戚关系，大王您为了贪图燕国十座城池而和秦国结下了深仇大恨，现在如果弱小的燕国作为先锋，而强大的秦国作为后盾来攻打您，这和吃毒药有什么分别呢？我劝您还是不要这么做了。"

齐宣王问苏秦："既然是这样，那我应该怎么办呢？"

苏秦回答说："圣人做事，能够把坏事变成好事，转败为胜。所以齐桓公虽然喜欢女色，但是他的名声依然很尊贵；韩献子虽然因为杀人犯了罪，但是自己的地位却越来越稳固。这些都是把坏事变成好事，转败为胜的例子。大王可以听从我的建议，把燕国的十座城池还给燕国，并且用谦虚的话向秦国道歉。当秦王知道是因为他的原因，归还了燕国的城池，对您一定十分感激。而燕国平白无故就收回了十座城池，也会十分感激您，这样，大王不但不用得罪秦国这样强大的敌人，反而和他们都建立了深厚

苏秦背剑铜锁

的情谊。而且秦国和燕国都会讨好齐国,这样,大王您发号施令,又有哪个诸侯敢不听从呢?大王您只需要用话表示和秦国友好,又用十座城池获得了天下人对您的支持,这可是您建立霸业,把坏事变成好事,转败为胜的好办法。"

齐宣王听后非常高兴,于是派人把燕国的十座城池送还燕国,又用千金表达自己的歉意,希望能和燕国结成兄弟国家,请求秦国能够饶恕齐国的罪过。这件事使得苏秦名气大增,他本人也得到了燕昭王的重用。

可是树大招风,苏秦受到重用也使得一些人感到妒忌和不满。他们对燕昭王说苏秦的坏话:"苏秦是天底下最不讲信用和道义的人,大王您这么尊贵的身份却非常谦虚、恭敬地对待他,在朝廷上又十分推崇他,其实您是在向天下人显示您与小人为伍啊!"燕昭王听信了谗言,等苏秦从齐国回来,竟然不给他安排住的地方。

苏秦得知这件事后对燕昭王说:"当初我只是一个平庸的人,来见大王的时候我没有半点功劳,可大王却来到郊外迎接我,在朝廷上给了我显赫的地位,但是现在我代替您出使齐国,收回了被齐国侵占的十座城池,挽救了面临危难的燕国,可是您

却不再信任我了,一定是有人说我不讲信用和道义,在您面前说我的坏话。其实,如果我不讲信用和道义,那倒是您的福气了。但是如果我像尾生那样讲信用和道义,像伯夷那样的廉洁,像曾参那样的孝顺,同时具有这三种公认的美德,这样是不是可以呢?"燕王说:"那样当然可以。"苏秦说:"如果真是那样,我就不会来为大王服务了。"

燕昭王听到这番话感到很奇怪,苏秦解释说:"如果我像曾参那样孝顺,就不会离开父母在外面过夜,您又怎么会让他到齐国去呢;如果我像伯夷那样廉洁,不吃白食,认为周武王不讲道义就不做他的大臣,又拒绝做孤竹国的国君,最后饿死在了首阳山上,廉洁到这种程度,我又怎么肯步行几千里,来为弱小的燕国国君服务呢;如果我有尾生那样讲信义,和女子约好在桥下见面,女子没来即使涨水他也不肯离开,最终抱着桥柱被活活淹死,讲信义到这种程度,又怎么会到齐国去宣传燕秦的威力,并取得巨大的成功呢?再说,讲信义、道德的人,都是用来自我完善的,而不是用来帮助别人的,所以这些都是满足现状的办法,而不是想要

苏秦墓

谋求进取。大王是满足现状的人，而我是谋求进取的人，这就是我因为忠信而得罪您的原因啊。"

燕昭王说："忠信又有什么可以责怪的呢？"苏秦说："您不知道，我邻居中有一个人在远方做官，他的妻子和别人私通，眼看她的丈夫就要回来了，和她私通的人很着急，那妻子和她的情人说，'不用担心，我已经准备好了毒酒等着他呢。'过了两天，丈夫回来了，妻子就让女仆把毒酒端给丈夫。女仆知道那是毒酒，如果送上去就会把男主人毒死，可是如果说出实情，女主人又肯定会被赶走。于是，女仆就假装摔倒，把酒泼掉了。男主人很生气，就用竹板打她，女仆这一摔，对上救了男主人，对下保护了女主人，可是如此忠心仍然挨打，这就是因为忠信而得罪主人啊！而我现在的处境就像那个女仆一样，我侍奉大王您却反而受到这样的对待，我担心以后再也没人能够像我这样对您了。"

燕昭王恍然大悟，从此对苏秦更加信任了。苏秦用自己卓越的口才，摆脱了这次危机。并且燕昭王给了苏秦一个更加机密的任务，到齐国去做间谍，最大限度削弱齐国。

智取东国

公元前300年，秦昭王听说孟尝君很有才能，就派泾阳君到齐国做人质，并请求见一见孟尝君。孟尝君准备动身去秦国，他的门客都劝说他不要去，可孟尝君就是不听。

这时苏秦正好因为要离间齐国的关系陪伴燕国太子在齐国做官。因此，苏秦便对孟尝君说："今天我从外面回来的时候，看到一个木偶人和一个土偶人正在说话。木偶人说，'天一下雨，你就会坍塌了。'土偶人说，'我本来就是泥土做的，即使坍塌

了,也是回到泥土中去,而一旦发大水,你就不知道会被冲到哪里去了。'现在的秦国,是一个如狼似虎的国家,您却一定要去,万一回不来,不是让土偶人笑话吗?"

孟尝君听了这番话,想明白了其中的利害关系,就放弃了去秦国的打算。同时,孟尝君对苏秦也更刮目相看。

不久之后,当楚怀王死在秦国的时候,楚国太子还在齐国当人质。苏秦当时就对孟尝君说:"为什么您不把楚国太子扣押在手中,用他来换楚国东国这块地方呢?"孟尝君说:"不能这样做,假如我扣留了楚国太子,而楚国拥立别人做国君,那么我们手中的人质便失去了作用,而我们也落下了不仁义的名声。"苏秦说:"不对,如果楚国拥立新的国君,我们就可以用太子要挟新的楚王,对他说如果把东国给我们,我们就帮他杀了他的第一政敌——太子,如果他不给,我们就联合秦、韩、魏三国共同拥立太子为楚国国君。这样楚国一定会把东国让给我们。"

苏秦又说:"我听说如果计谋泄露了,就不会成功;而遇到事情犹豫不决,就不会成就功名。现在我们扣留楚国太子,就是为了得到东国的土地,如果不快点行动,您就会浪费这次机会还会留下不好的名声。"孟尝君说:"那我该怎么办呢?"苏秦说:"我愿意出使楚国,把这件事办成。"于是,孟尝君就派苏秦出使楚国。

苏秦来到楚国之后,对新立的国君说:"现在齐国想拥立太子做国王,用来换取东国这块土地,现在事情紧急,如果大王不赶快把东国给齐国,那么我想太子一定会用更多的土地来换取齐国对他的支持。"楚王非常害怕,于是就把东国的土地割让给了齐国。

回到齐国后,想到楚王害怕的样子,苏秦又对孟尝君说:"我还可以让齐国割让更多的土地。"孟尝君问是什么办法。苏秦说："我有办法。"

苏秦找到太子，对他说："齐国想拥立您为楚王，可楚国新立的国君却以贿赂齐国土地这种办法，想把您继续扣留在齐国，可是齐国嫌给的土地太少，太子为什么不许诺给齐国更多的土地，来换取齐国对您的支持呢？"太子说："好办法。"之后苏秦又故意把这个消息透露给了楚王，楚王特别害怕，又割让了更多的土地。

苏秦在齐国，继续做着削弱齐国的工作，他劝说齐王大兴土木，纵情享乐，又对外不断发动战争，引起了别的国家对齐国的怨恨。齐国和秦国的关系也越来越紧张，再加上齐国又去攻打宋国，使得秦王非常生气。苏秦就劝说齐王先下手为强，联合其他国家攻打秦国。

但是，要联合其他国家齐王对燕国还

苏秦墓

是很有顾虑的,苏秦就替燕国辩解:"燕国国力弱小,一直都是依靠着强大的齐国,而齐国之所以能号令天下,也是由于有了燕国的支持,这种友好关系是每一个燕国人都希望看到,他又怎么会对大王有二心呢?"齐王听到这里,终于放心了。于是,齐王派苏秦出使各国,劝说各国共同出兵抗秦。

苏秦开始到各国游说,共同出兵进攻秦国,大家推选赵国的奉阳君为合纵长,其实齐国才是幕后的真正组织者和指挥者。但齐国只是想牵制秦国,自己好趁机攻占宋国,所以并不出力,其余各国也是相互推脱;因此,在联军内部矛盾重重,并没有和秦军发生大规模战争就自己土崩瓦解了,而齐国却趁机进攻宋国,获得了一部分土地,这引起了各国的不满。

这次合纵攻秦虽然没有成功,但是极大地消耗了齐国的国力,破坏了秦国和齐国的关系,结成反齐联盟的目的却达到了。苏秦趁机游说各国,挑拨各国同齐国的关系。

公元前284年,燕国看到齐国危难,便联合其他国家一起进攻齐国,燕国大将乐毅领兵,连续攻克齐国七十多座城池,连齐缗王也被杀掉了。齐国只剩下即墨一座城市。苏秦终于完成了他在齐国的使命,回到了燕国。

齐国危难之时,齐国大将田单率军死守即墨城,后来利用联军的矛盾,力挽狂澜,逐

田单像

渐挽回了局势。

燕文侯死后,易王即位,苏秦因为私通文侯的妻子被易王发现,害怕被杀,就逃离了燕国,来到了齐国,受到齐王的重用,齐国大夫中有很多人与苏秦争夺齐王的宠信,于是就派人刺杀苏秦。苏秦当时并没有死,而是带着致命伤逃跑了。

齐王命令抓捕凶手,然而却没有抓到。苏秦的伤太重了,在临死的时候,苏秦对齐王说:"我马上就要死了,在我死后,请您将我的尸体运到集市上五马分尸,而且对外宣称是我是为了燕国在齐国谋反才被杀的,这样刺杀我的凶手就一定能抓到。"苏秦死后,齐王按照苏秦的话做了,凶手为了邀功,果然露面了,齐王把凶手抓住杀掉了。

可是不久之后,苏秦为了燕国而破坏齐国的事情暴露了,齐国因此和燕国结下了很深的仇恨。

燕国古代战场场景

远交近攻——范雎

战国时期，诸侯割据互相征伐不断，形成了齐、楚、秦、燕、赵、魏、韩七雄并立的局面，而在战国七雄中，秦国之所以能够一家独大，最终完成统一中国的大业，这和秦国的历代国君能重用贤臣是分不开的。在这些贤臣中，范雎又是比较重要的一位。他家境贫寒，历尽磨难，但却成为一代名相，为秦国的强大和统一天下起到了重要作用。

公元前283年，燕国大将乐毅率领燕、楚、赵、魏、韩五国联军讨伐齐国，攻破了齐国的都城，齐湣王逃离了国都，后来被杀，危机之时，齐襄王登上王位，后来齐国大将田单力挽狂澜，打败联军，收复失地，齐国才得以免遭亡国的厄运，重新强大起来。

面对齐国国力的不断恢复和强大，使得当初跟随燕国攻打齐国的魏王感到坐立不安，害怕齐国寻找机会对自己进行报复。于是，魏王派中大夫须贾出使齐国，想要和齐国议和。

须贾来到齐国后，齐襄王对他是百般责备，面对齐王的责难，须贾唯唯诺诺，始终说不出一句话来，此时须贾的身后站出一个人，他大声辩驳："齐湣王昏庸无道，五国才共同讨伐，难道只有魏国一国参加吗？今天大王英明盖世，应该想着如何重振齐桓公、齐威王时的威风，如果斤斤计较齐湣王时的那点恩恩怨怨，只知道指责别人而不知道自我反省，恐怕又要走齐湣王的老路了。"齐襄王上下打量这个慷慨陈词的年轻人，不但没有生气，反而对他的胆识和口才感到非常欣赏。这个人就是范雎。

范雎出身贫寒，虽然有一身的本领，但却无处施展，只能在须贾门下做门客。这一次随须贾出使齐国，看到须贾被齐王数落得哑口无言，这才挺身而出、仗义执言。一来替主人须贾解围，二来也是为了维护魏国的尊严。他哪里知道，祸从口出，也正因为这些话，害他差点丢掉了性命。

齐襄王退朝之后，范雎的影子在他的脑子里挥之不去。他就暗地里派人拉拢范雎，希望他能留在齐国，并送给他一份厚礼，范雎坚决推辞了。

可就因为这件事，须贾怀疑他私通齐国，回到魏国后，便向当时的魏国相国魏齐告发。魏齐勃然大怒，命人把范雎抓来，严

长平之战遗骸

刑拷打,打得他几乎断了气,肋骨被打折,门牙也打掉了两颗。最后,魏齐命人用破席子把他裹了起来,扔在厕所里。

天黑下来,范雎才从昏迷中醒过来,只见一个士兵守着他,范雎恳请他的帮助。那个士兵见到范雎的惨状,于心不忍,偷偷地放走了他,并向魏齐回报说范雎已经死了。为了怕魏齐追捕,范雎把自己的名字改成了张禄。

拜为丞相

改名后的范雎,成天东躲西藏,生怕被魏齐的手下发现。那时候,正好秦国有个使者到魏国去,范雎就去偷偷见了使者。使者就把他带到了秦国。范雎到了秦国后,给秦昭襄王写了封信,在这封信中,范雎谈到了自己的治国理念,深得秦昭襄王的欣赏,并约定好日子,要在离宫接见他。

到了那天,范雎上离宫去,在宫内的半路上,碰见秦昭襄王坐着车子来了。范雎却故意装作不知道是秦王,也不躲避。

秦王的侍从大声训斥:"大王来了,你还不躲开!"范雎冷冷地说:"什么?秦国还有大王吗?"正在争吵的时候,秦昭襄王到了,只听见范雎在那儿嘟囔:"只听说秦国有太后、穰侯,哪有什么大王?"这句话正好说在了秦昭襄王的心坎里,原来当时的秦国,太后和她的兄弟穰侯把持朝政,秦昭襄王早有不满,但是没有办法。听范雎这么一说。秦昭襄王赶紧把他请到离宫,命令左右退出,单独接见范雎。

秦昭襄王说:"我诚恳地请先生指教。不管牵扯到谁,上至太后,下至朝廷百官,先生只管说。"范雎也毫不客气地说:"秦国土地广大,士兵勇猛善战,想要一统天下,本来是一件很容易的事情,可是十五年的时间没有什么进展,只能说明穰侯没有尽力为大王办事,大王自己也有做的不对的地方。"

秦昭襄王说:"那先生你说我什么地方做的不对?"范雎说:"齐国离秦国很远,中间还隔着韩国和魏国。可是大王却要出兵攻打齐国。就算你顺利地把齐国打败了,你也没有办法把秦国和齐国的土地连接起来。我替大王着想,最好的办法就是远交近攻,对离我们远的齐国要暂时稳住,先把一些临近的国家打下来。这样才能不断扩大秦国的地盘。打下一寸就是一寸,打下一尺就是一尺。把韩、魏两国先吞并了,齐国也就保不住了。"

秦昭襄王听完范雎的话,不住地点头,他说:"秦国要是真能打下六国,统一中原,全靠先生远交近攻的计策了。"

当下,秦昭襄王就让范雎做了客卿,并按照他的计策,把韩、魏两国作为主要的进攻目标。几年后,秦昭襄王又把相国穰侯撤了职,正式任命范雎为丞相。

巧施离间

公元前260年,秦国大举进攻赵国,双方在长平城下展开激

范雎画像

战。赵国老将廉颇身经百战,看到当时秦军的强大,就采取了修筑堡垒进行坚守,拒不出战的策略,想要把秦军拖垮,弄得秦军进也不能,退也不能。

面对这种局面,范雎就想出了一个离间的方法,他派人到赵国,用金银珠宝贿赂赵王身边的人,不断地挑拨赵王与廉颇的关系,说廉颇实在太老了,胆子也小了,根本不敢与秦军对阵,只有派出年富力强的赵括出战,才能打败秦军,取得胜利。

廉颇一守就是三年,赵王对这种战况十分不满,最后赵王用年轻的赵括替换掉了年老的廉颇。赵括是赵国大将赵奢的儿子,虽然从小就熟读兵书,也常常说自己是天下最优秀的将军,但实际上他没有任何实战经验,只会空谈而已。

面对强大的秦军,赵括一到长平就命令士兵拆除廉颇时修筑的防御工事,主动向秦军进攻,而秦军采取诱敌深入的办法,将赵国四十多万军队团团围困起来,赵括又想率军突围,没想到自己也被乱箭射死。赵军失去了主帅,顿时大乱,秦军猛烈进攻,赵军最终只得投降。

可是投降的四十万赵军士兵可成了秦军的难题,不但这些俘虏的粮食很难供应,要是放他们回去,这胜仗不就等于白打了吗?最后秦国大将白起狠下心,除特别年幼的二百四十人之外,将其余的赵国俘虏全部活埋。

长平之战后,赵国损失惨重,从此再也没有能力与秦国抗衡。而秦国却借此增强了威势和实力,已经初步形成统一天下的势头了。

范雎虽然为秦统一六国作出了巨大贡献,但他因为妒忌杀掉了秦国大将白起,给秦国也造成了巨大的损失。

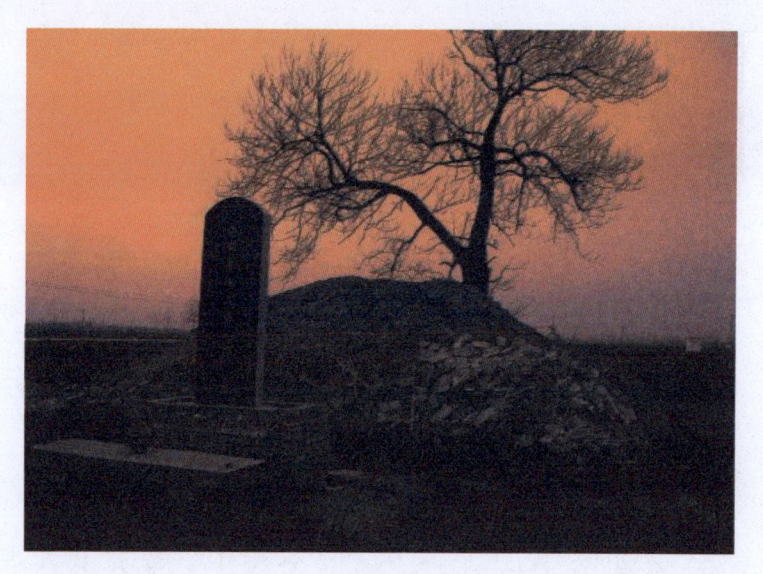

公元前257年，范雎命亲信郑安平率军进攻赵国，结果大败，郑安平也投降了赵国。而他的另一名亲信王稽也因为与诸侯私通，被判处重刑。范雎受到这几件事的影响，逐渐失去了秦昭襄王对他的信任。

范雎墓

正当此时，范雎家里来了一位不速之客。此人名叫蔡泽。他扬言自己是有非常有才能的人，如果能见到秦王，一定能取代范雎的位置。

范雎听到这番话，非常想见见这位口出狂言的人物，就马上召见了蔡泽，问了他一些关于治理国家的问题。没想到此人对答如流，的确很有才华。范雎马上给秦昭王写了一份奏章。举荐蔡泽取代自己丞相的位置。

公元前255年，范雎称自己体弱多病，便辞去了丞相的职务。不久之后就死在了自己的封地应城。

范雎不仅是秦国历史上智谋深远的名相，也是我国古代不可多得的政治家、谋略家。

老谋深算——范增

秦朝末年,朝政腐败,民不聊生。爆发了大规模的农民起义,而在起义的队伍中,项羽领导的起义军无疑是最强大的一支。项羽之所以能够成功,和他身边的一位重要的谋士是分不开的,这个人就是范增。范增参加反秦起义时已经七十岁高龄了,但他用自己高超的谋略,帮助项羽开创了一方霸业,可惜的是,因为项羽心胸狭隘,中了他人的离间计,使得君臣之间产生隔阂。范增伤心离去,最终病死于归乡的路上。

范增出生于今天安徽巢湖西南,为人非常聪明,平时在家的时候就喜欢给别人出谋划策,但是苦于一身的本领无处施展。正好赶上秦末爆发了大泽乡起义。此时的范增已经年届七十,当他听说原来的楚国人项梁也发动了起义,而且已经成为反抗秦军的主力时,认为时机已到,便前去投奔项梁。

这时候,由于秦军力量的强大,陈胜的起义军刚刚失败,陈胜本人也被杀害。其他几支起义军的首领正在薛这个地方讨论怎样才能挽回局势。范增的到来可以说正是时候。

当着项梁等起义军将领的面,范增首先分析了陈胜起义军失败的原因,他说:"秦灭掉六国,其中楚国人对秦国的仇恨是最深的,直到今天,仍然有很多人怀念被秦国害死的楚怀王,所以有预言说'楚虽三户,亡秦必楚'是有一定道理的。而陈胜失败的原因就在于他没有拥护楚怀王的后人却自己当上了皇帝。所以不能充分的利用楚国反秦的力量,最后导致了自己的失败。"听得各位将领不断地点头。

紧接着范增又提出了自己反秦的计策,他认为项梁起义以来,有很多原来的楚国将领前来投靠,就是因为项家世代都是楚国的将领。民众认为他能重新恢复楚国的天下。所以就应该利用这一点,顺应人民的愿望,拥立楚怀王的后代为王。这样才能发动人民的力量来对抗强大的秦国。项梁等人马上接受了范增的建议。他们派人找到了此时正在民间替人放羊的楚怀王的孙子熊心,仍然拥立他为楚怀王,这样楚国这个国家又被重新建立起来。

设鸿门宴

秦朝灭亡之后,原来团结在一起共同反秦的各支起义军却开始了争夺权力的斗争。在各路起义军中,实力最强的当属项羽和刘邦。项羽自称西楚霸王,而刘邦被称为汉王,因此,他们之间的争斗也被称为"楚汉之争"。

起初刘邦的兵力不如项羽,但刘邦却先攻入咸阳,项羽

范增塑像

勃然大怒。范增对项羽说:"刘邦进入咸阳后,对百姓秋毫无犯,可见他志向不小。"项羽进入咸阳后,刘邦退守霸上。刘邦的左司马曹无伤派人偷偷地跟项羽说刘邦想在关内称王。项羽一听更加愤怒,命令士兵第二天早上饱餐一顿,进攻刘邦。一场恶战马上就要打响。

刘邦从项羽的叔叔项伯口中得知这个消息后,非常震惊。他马上拉拢项伯。约好结为亲家。项伯最后答应在项羽面前替刘邦说情,并让刘邦第二天来见项羽。

范增早就觉察出刘邦今后必定会成就大业,他一定会是项羽的巨大威胁。因此,当他得知刘邦要来见项羽的消息后,便派人在鸿门这个地方摆下酒宴,想要把刘邦除掉。当他把这个计策告诉项羽之后,没想到项羽却优柔寡断,拿不定主意。

鸿门宴上,在举杯祝酒声中,范增多次给项羽使眼色,并接连三次拿起他身上佩戴的玉玦,暗示项羽早下决心,可是项羽讲义气,不忍心杀刘备,于是就假装看不到。

范增非常着急,连忙离开营帐,找来了项羽的堂弟项庄,让他进去敬酒,并且要求他舞剑助兴,借着舞剑找机会杀掉刘邦。而此时项伯早就看穿了范增的计策。也站起来舞剑,每当项庄的剑要刺到刘邦身上的时候,项伯就用自己的剑挡住。刀光剑影之间,刘邦被惊出了一身冷汗。

在危难关头,刘邦的贴身卫士樊哙带着宝剑,手持盾牌闯了进来,用眼睛愤怒地盯着项羽。愤怒的眼睛中布满了血丝,好像要找人拼命一般,一时之间,项庄也找不到杀刘邦的机会。在项伯和樊哙的保护下,刘邦借口上厕所,逃离了项羽的军营。刘邦的部下张良回到营帐之中替刘邦推脱。说刘邦喝醉了,不能前来

项庄舞剑塑像

告别,已经回去了。而且他还向项羽献上了一对玉璧,送给范增一对玉斗。

张良等人走后,范增勃然大怒,拔出宝剑,将刘邦送给他的那对玉斗砍得粉碎,对着项庄大骂,其实是说给项羽听的。"你小子不值得跟你出谋划策,将来夺项王天下的,一定就是刘邦!"

陈平离间

鸿门宴计杀刘邦没有得逞,项羽也就失去了杀刘邦的最后机会。刘邦回到军营,整顿军队,严明军纪,重用能人,经过几年的发展,势力大增。而项羽骄傲自大,目中无人,项羽的军队也烧杀抢掠,失去了老百姓的支持。在这种情况下,刘邦开始逐渐占据优势。可是有范增在,一时之间又无法彻底打败项羽,该怎么办呢?

此时，刘邦的一个谋士叫陈平抓住了项羽多疑、自大的特点，向刘邦献上反间计。想要离间范增和项羽的关系。

一天，项羽的使者来访，陈平故意十分热情地进行招待。大鱼大肉，又有美女歌舞助兴，使者出于礼貌说出了代表霸王项羽向刘邦表示感谢的话。

陈平立即叫人撤走美

鸿门宴遗址

食和歌舞，换上粗茶淡饭，当着使者的面说道："我还以为你是亚父范增派来的，你倒是早说你是项羽派来的啊！"使者回去之后就把这件事报告了项羽，项羽一听勃然大怒，认为这是范增勾结汉军的缘故，从此对范增不再信任了。

不久之后，项羽又找了种种借口，收回了范增的兵权，范增大怒，对项羽说："天下的大事已经无法改变，大王你自己好自为之，请大王允许我告老还乡。"项羽同意了。范增怀着满腔的悲愤离开了军营，在回乡的半路上就生病死去了。

而项羽也因为骄傲自大、不能用人，没过多久就被刘邦打败，在乌江边自杀身亡。

运筹帷幄——张良

汉高祖刘邦在评价一个人时曾经这样说道："夫运筹策帷帐之中，决胜于千里之外，吾不如子房。"这个子房，指的就是张良。张良是秦末汉初著名的谋士、军事家和政治家。身世显赫，在秦末农民起义中，聚集百姓投奔刘邦，是刘邦最重要的智囊之一，与萧何、韩信并称"汉初三杰"。

张良拾履

张良出身贵族，家里的长辈曾经在韩国担任相国，秦灭韩之后，张良失去了继承父亲事业的机会，丧失了曾经显赫的身份和地位。所以，他对秦朝有着很深的仇恨。并下定决心一定要推翻秦朝。

刚开始的时候，张良想要刺杀秦始皇。因此，他变卖家产，终于找到了一个大力士，为他打制了一只重达60千克的大铁锤，然后派人去打听秦始皇的行踪，因为按照当时的礼仪规定，只有皇帝才能乘坐有六匹马拉的车出行，因此他们袭击的目标就是六匹马拉着的马车。

公元前218年，秦始皇到东方去巡游，张良很快得知秦始皇

的车队即将到达阳武县,就安排大力士埋伏在了车队的必经之地——古博浪沙。

没多久,他们就看到了一个由三十六辆车组成的车队浩浩荡荡而来,张良断定这就是秦始皇的车队,就叫大力士做好准备,但张良发现,所有的车竟然都是由四匹马拉着,根本分不清秦始皇坐的是哪辆车。只是看到最中间的一辆车的装饰非常豪华,因此张良断定乘车的人肯定是秦始皇,于是就命令大力士用大铁锤向这辆车打去,60千克的大铁锤打到车上,乘车的人当场就被打死了。张良趁乱躲进芦苇丛中,逃走了。而张良找来的大力士则被秦军杀死了。

然而大力士打中的那辆车其实是副车,秦始皇因为经常遇到刺杀,所以早就有了防备,车队所有的马车都由四匹马拉着,而且他本人也经常更换乘坐的马车,张良当然没有办法判断到底秦始皇乘坐的是哪辆马车。这次秦始皇虽然幸免于难,但是对这件事十分愤怒,下令全国通缉刺客,可是大力士已经被杀了,而另一个刺客也不知道是谁,最后这件事也只能不了了之。

张良从此隐姓埋名,逃到下邳躲了起来。一天,他路过沂水圯桥的桥头,遇到一个穿着粗布衣服的老头,这个老头走到张良身边时,故意将自己的鞋子脱落到桥下,然后很不客气地对张良说:"小子,下去给我捡鞋!"

张良很吃惊,但还是忍住了心中的不满,替老人把鞋子捡了回来。可没想到老头竟然跷起腿来,让张良给他穿上,张良真想挥起拳头揍他一顿,但他已经经历了这么多坎坷,早已经学会了忍耐,所以强压怒火,跪在老头面前,小心翼翼地把鞋子给老头穿上。老头不仅没有说声谢谢,反而大笑着离开了。

张良呆住了,那老头走了一段又折了回来,对还在发呆的张良说:"恩,孺子可教啊!"并和张良约好五天之后的凌晨在桥头相见。张良虽然不明白是怎么回事,但还是恭敬地跪在那里答应了。

五天后,张良早早就来到桥头,可是没想到老人故意提前赶到在这里等他,见到张良来了,就训斥他:"与年长的人约好了,你怎么能迟到!明天再来吧。"说完就离开了。张良第二天来得更早,可是没想到还是晚了一步。第三次张良干脆就在桥上一直等着老人。他的行动终于感动了老人,通过了考验,于是老人送给张良一本书,并对他说:"读这本书可以当王者的老师,十年之后天下会大乱,你可以用这本书干一番大事业,十三年后你再来见我。"说完,头也不回地离开了。原来这位老人就是传说中的一位隐士——黄石公。

张良非常惊喜,天亮了,拿出书一看,原来是《太公兵法》,从此日夜苦读,终于成了一个文武兼备、足智多谋的人。

斗智鸿门

刘邦的大军进入咸阳后,看到原来秦朝那些豪华的宫殿、美貌的宫女和奇珍异宝,许多人忘乎所以,认为这下可以尽情

张良画像

享受了，连刘邦都有点情不自禁，想留在皇宫之中，享受这些富贵。武将樊哙看到刘邦这个样子，冒着杀头的危险劝说刘邦，而刘邦根本就听不进去。刘邦手下的一些贤能的大臣，也是非常着急。

在这最关键的时候，张良向刘邦分析这其中的利与害关系，他劝说刘邦："秦王做了很多不道义的事情，所以您才能推翻秦朝进入咸阳。既然您已经为天下百姓铲除了祸害，就应该穿着粗布衣服，吃着简单的饭菜，表示您的节俭。现在大军刚刚进入咸阳，您就开始享乐，这就是俗话所说的助纣为虐了。有一句话叫做良药苦口利于病，忠言逆耳利于行，希望您能听从樊哙等人的劝告。"

张良语气平和，但软中带硬，犹如当头一棒，惊醒了刘邦。刘邦马上下令封存秦朝的宫殿、仓库和财物，整顿军队，发布告示，与关中百姓"约法三章"，严禁军队扰民。结果，刘邦的做法深得民心，百姓争先恐后地用牛羊酒肉来犒劳刘邦手下的将士。刘邦见到这种情况，马上命令士兵不要接受百姓的东西，而且派人传出话去："军中粮食充足，不要劳民破费了。"百姓听说了这件事，都很高兴，生怕刘邦不能在关中称王。

公元前206年2月，项羽带兵到达函谷关，刘邦马上命人关闭城门，阻止其他诸侯入关。项羽听说刘邦先于自己攻下咸阳，十分恼火，正赶上刘邦的部下曹无伤向项羽告密，说刘邦要在关中称王。项羽马上命令英布率领军队进攻刘邦。12月份，项羽攻克函谷关，军队驻扎在新丰、鸿门，发誓要与刘邦决一死战。

幸亏项羽的叔叔项伯与张良曾经有交情。在项羽大军准备进攻刘邦的前一天晚上，项伯偷偷来到刘邦军中，见到张良后，就把这个消息告诉了他，并且想要张良和自己一起逃走。而张良说："我奉韩王的命令，护送刘邦入关，现在刘邦身处危难之中，而我却偷偷逃走，这是不讲道义的行为，我必须向刘邦告辞之后再走。"

随后，张良来到刘邦的营帐之后，把项伯所说的话一五一十地都告诉了刘邦。刘邦大惊失色，赶紧问张良有什么办法。张良一想，现在最重要的是要打消项羽对刘邦的怀疑，要达到这个目的，项伯是一个关键的人物，所以他就给刘邦出了个釜底抽薪的计策："请您去告诉项伯，说您不敢背叛项羽。"刘邦问张良："项伯和你，谁的年龄大一些？"张良说："项伯大我几岁。"

于是，刘邦把项伯请进自己的营帐，刘邦像对待兄长一样亲自为项伯斟酒，并约定要和项伯结成亲家。当项伯喝得醉醺醺的时候。刘邦假装委屈，对项伯说："我入关之后，对百姓秋毫无犯，百姓都进行了登记，仓库都封存了起来，专门等项将军前来接受，我之所以派兵把守函谷关，也是为了防止盗贼进入，防备发生什

张良隐居地

么变故,我守在这里,每天都盼着项将军到来,又怎么会背叛他呢?"

项伯以为刘邦说的是真话,于是就交代刘邦:"你明天一定要早一点亲自来向项羽谢罪。"项伯连夜回到鸿门,把刘邦的话都转告给了项羽,并且为刘邦说了很多好话,终于双方剑拔弩张的紧张局势有了一定的缓解。

第二天,刘邦只带着张良、樊哙和一百多名随从来到楚军军营。刘邦一看到项羽,马上走上先去说道:"臣与将军一起进攻秦军,将军进攻黄河以北,我进攻黄河以南,谁曾想到我侥幸先进入关中攻破咸阳,才能够在这里再一次与将军见面,可是现在有小人对您说我的坏话,使得将军对我产生了误会。"

项羽看到刘邦只带了一百多人来赴宴,而且有表现出一副恭敬和委屈的样子,感到于心不忍,脱口说道:"这都是你的左司马曹无伤告诉我的,说你要在关中称王。让子婴为丞相。不然的话,我又怎么会去攻打你呢?"

项羽自己知道刘邦是按照之前的约定,先入关也没什么可以埋怨的地方,自己这样对待刘邦实在是有违反约定的嫌疑,顿时有些理屈词穷。

项羽设宴款待刘邦。吃饭的时候,项羽的谋士范增几次三番给项羽使眼色,又连着三次举起自己所佩戴的玉玦,暗示项羽赶紧下决心,杀死刘邦。但项羽犹豫不决,假装没看到。范增没办法,只好从帐外找来武士项庄,让他假装舞剑助兴,找机会杀掉刘邦。情况非常紧急。项伯一看到这种情况,也走到场中和项庄一起舞剑,每当项庄想杀刘邦时,项羽就用自己的身体挡住刘邦。

张良一看情况不妙，赶紧站起身来，走出帐外去找樊哙，让他赶紧去保护刘邦。樊哙二话没说，拿着剑和盾牌就闯进了营帐之中，瞪着眼睛盯着项羽，愤怒得眼角都快瞪裂了，连头发都立了起来。连项羽都被吓住了，忙问："这是什么人？"张良回答："这是刘邦的贴身卫士樊哙。"项羽说："这是一条好汉，赏给他酒！"

张良隐居地

有人端上来一大杯酒，樊哙站在那里一饮而尽，并借题发挥数落项羽："我连死都不怕，这点酒又怎么会推辞。"接着，樊哙高声述说刘邦的功劳的忠义，指责项羽疑心太重。

项羽竟然被樊哙说的一时之间不知道该说什么好了。只是对樊哙说："请坐"。

樊哙趁机坐在了张良的身边。过了一会，刘邦看到紧张的局势已经有了一些缓解，就借口上厕所，樊哙和张良也跟着走出营帐。三人商量该怎么办，最后决定由樊哙保护刘邦赶快离开，而张良则留下来应对局面。

张良在这次生死攸关的斗争中，凭借着自己的智慧，既巧妙地帮助刘邦安全脱离虎口，又给项羽内部埋下了君臣不和的种子。

六出奇计——陈平

秦朝灭亡之后,各路农民起义军开始相互征伐,想要夺取天下。刘邦和项羽是其中比较强大的两股力量。但是相比之下,项羽的实力要比刘邦强大得多,可最后却是刘邦夺取了天下,成为汉朝的开国皇帝。其中原因,除刘邦有能征善战的武将之外,还必须要提到一个人,他就是陈平。陈平是汉朝的开国功臣之一,在楚汉之争期间,曾多次帮助刘邦出谋划策。为打败项羽,陈平献上"离间计",立下汗马功劳。汉文帝时期,又担任丞相之职,可以说位高权重。

声东击西

陈平小时候,家里十分的贫穷,负担很重。可是他十分喜欢读书,尤其喜欢读记载黄帝、老子言行的书。他的哥哥见他这么喜欢学习,就主动承担了家里所有的劳动,让陈平外出求学。

有一年,正好赶上村里举行祭祀社神的仪式,乡亲推举陈平做祭祀社神的主持人,给大家分祭祀用的肉。陈平把一块一块的肉都分得十分均匀。大家都很高兴。纷纷赞扬他:"陈平这孩子分祭祀用的肉,分得太好了,真是称职。"可是陈平却感慨地说道:"假如有一天我能够治理天下,我一定会像今天分肉一样的恰当和称职。"可见小时候的陈平就有远大的志向。

等到陈平长大了,到了该成亲的年龄,却犯了难。因为家里穷,有钱的人家都不愿意把女儿嫁给他,而穷苦人家的女儿,陈平又看不上,所以婚事是一拖再拖。过了好长时间,有一个叫张负的有钱人,他有一个孙女,先后嫁给五个人,可这五个人都死掉了。因此没有人敢再娶她,陈平知道后,却想娶这个女人为妻。

正赶上乡里有一户人家正在办丧事,陈平因为家里贫穷就去这户人家帮忙,希望挣点钱贴补一下家用。说来也巧,正赶上张负也在这里,一眼就看中了身材高大的陈平。两个人也聊了很久。张负对这个年轻人也是充满了好感。

一次,张负想要到陈平家里去看看,陈平故意领着张负来到靠近城墙边的一个小巷子里,拿出一张破烂不堪的席子就当门了,但是在他的"门"外,却有很多富贵人家留下的车轮印,其实就是告诉张负,将来有一天我一定也会飞黄腾达。张负回到家中,对儿子张仲说:"我打算把孙女嫁给陈平。"张仲说:"陈平又穷又不从事农业劳动,全县的人都嘲笑他,可为什么偏要将女儿嫁给他呢?"张负说:"像陈平这样仪表堂堂的人,怎么可能一辈子都贫穷卑贱呢?"最后终于将孙女嫁给了陈平。因为陈平家里贫穷,张家就借给他钱让他下聘礼,还送给他钱让他置办酒席。张负告诫他的孙女说:"不要因为陈家穷,就不好好对

陈平

待张家的人,对待陈平的哥哥就要像对待父亲一样,对待陈平的嫂子就要像对待母亲一样。"陈平娶了张家的女儿后,变得越来越富裕,交友、学习也越来越广泛。

公元前209年,陈胜在大泽乡发动农民起义,并拥立魏咎为魏王,陈平得知这个消息后便前往投靠。陈胜失败之后,正赶上项羽的军队打到了黄河岸边,陈平又投奔了项羽,并追随项羽最终打败了强大的秦军,但项羽心胸狭窄,不能用人,所以陈平总有种才华无法施展的感觉。在鸿门宴上,陈平见到了刘邦,刘邦给陈平留下了非常深刻的印象,陈平认为与项羽相比将来刘邦必成大器。

不久后,刘邦被项羽围困在了咸阳,刘邦想请教张良解围的办法,而此时,张良也深陷敌营,没有什么办法。危急关头,他们想到了陈平。张良决定放手拼一次,便暗中去拜访陈平。没想到两个人一交谈,都有种相见恨晚的感觉。

最后,张良将这次来找陈平的原因告诉了他。陈平想了想,说道:"要想从项羽身边救出刘邦,首先要'调虎离山',必须让范增离开项羽几天,否则怎么样也不会成功。"

第二天,陈平就对项羽说:"大王一直都是借着楚怀王的名义号令天下,现在不如给他一个'义帝'的称号,把他送到郴州去养老,这样您就可以真正的号令天下了。"陈平的话正合项羽的心意。不久之后,范增上朝参见项羽,项羽对范增说:"天上没有两个太阳,百姓没有两个君主。"

项羽又把陈平的话变成自己的话又对范增说了一遍,说是自己想起来的。范增立即附和说:"大王,这事还真得解决,而且要快点解决,而且这件事情也只能我去。"但范增毕竟是项羽身边重要的谋士,临走的时候也没忘记对项羽提出三事,第一件事就是千万不能让刘邦回到关中。等项羽答应后,范增这才离开。

陈平估计范增走远了,就在早朝的时候对项羽说:"现在天下刚刚安定下来,应当提倡节约。可是现在各路诸侯都聚集在咸阳,每路诸侯最少都有四万人,军粮的负担太重了,老百姓都快承受不了了。"项羽一听非常震惊。马上就下旨命令天下各路诸侯,路远的给十天时间,路近的给五天时间做准备,期限一到,马上回到自己的封地去。但刘邦必须要留下来陪着他。

项羽扣住刘邦也在陈平的预料之中,陈平趁着各路诸侯回乡的机会找到张良,让张良使用"声东击西"的计策。张良按照陈平的计策给项羽写了一份奏章。说要回家乡沛县探望亲人。项羽正在犹豫答不答应的时候,张良又故意说:"大王千万不能让刘邦回沛县去接家人,让他回去也许他就在沛县称王了,不如您让刘邦带着手下的残兵败将去汉中,再派人把他的家人接来当人质,这样也能让他规规矩矩地听大王您的命令。"

陈平趁机也说:"大王既然已经封刘邦做了汉王,也已经告知了天下,而今天却不让刘邦去上任,

陈平墓

恐怕会失去天下百姓的信任,大王一登基就说假话,那以后人们执行您的命令也会表面一套,暗地里一套了。不如听张良的话,让刘邦去汉中,而把他的家人当人质,留在咸阳,这样一来可以获得百姓的信任,另一方面也可以控制刘邦,这不是两全其美的办法吗?"

项羽想了很久,最后同意了,刘邦高兴极了,回到自己的营帐之后,马上下令启程。陈平出的"声东击西"的计策不但救了刘邦的性命,也为刘邦东山再起赢得了良好的机会。

施反间计

公元前203年,楚汉战争到了最激烈的时刻。刘邦被项羽围困在荥阳城内达一年之久,并被断绝了外援和粮草通道。

刘邦想要跟项羽求和,但项羽却不同意,这使得刘邦非常的忧虑。这时,陈平向项羽献上一计,让刘邦从仓库中拨出二万公斤黄金,买通项羽手下的一些将领,让他们散布谣言,说在项羽的部下中,范增和钟离眜的功劳最大,但却没有机会称王,因此,他们已经和刘邦商量好了,一起消灭项羽,然后瓜分项羽的土地。项羽本来就多疑,这些话传到他的耳朵里,他果然上当,开始不再相信钟离眜,什么大事也不和他商量,甚至也怀疑范增私通刘邦,开始对他很不客气。

为了彻底孤立项羽,陈平又想设计除掉范增。为此甚至不惜嫁祸于他。有一天,项羽派使者到刘邦营中,陈平估计派人端上精致的餐具,美味的食物,还有歌舞助兴。出于礼貌,使者说出代表项王对刘邦的招待表示感谢的话。陈平一听,立即叫人停下歌舞,端走美食,换上粗茶淡饭,并对使者说:"你倒是早说啊,我还以为你是亚父范增派来的人呢。"使者没想到会受到这样的羞辱，感到十分愤怒。

　　回到楚军的军营，使者就把事情的经过一五一十地告诉了项羽，项羽就更加相信范增私通刘邦的事了。这时，范增向项羽建议应该加紧攻城，但是项羽却一反常态，拒不听从。过了几天，范增也知道了外面说他私通汉王的谣言，并且感到项羽已不再信任自己了，于是他就对项羽说："天下大事已基本定了，希望大王自己好好地干。我年岁大了，身体又不好，请大王准我回家养老吧！"

　　项羽十分薄情，竟然毫无挽留之意，同意了他的请求，还派人护送他回家乡。范增一路走，一路叹气，吃不下，睡不着，伤心不已。他已经75岁了，哪儿受得了这么大的委屈？到彭城的时候，气得背上生了一个毒瘤，就此一病不起，不久就去世了。项羽手下唯一的著名谋臣，竟被陈平略施小计就除掉了。而项羽也因为刚愎自用，不能容人，最后被刘邦打败。

陈平祠

公元前202年2月,刘邦登基成为皇帝,建立汉朝,他就是汉高祖。刘邦称帝之后开始分封有功之臣为王,韩信被封为楚王,可是不久之后,就有人告发韩信,说韩信要谋反。得知这个消息之后,刘邦便召集大臣商议该怎么办。有的人说:"赶紧发兵消灭韩信,活埋了这个忘恩负义的小子。"刘邦知道这不是一个好主意,就没有说话。

当时,刘邦手下的重要谋士张良借口自己有病,已经离开了,只有陈平还是刘邦手下重要的谋士,刘邦便向陈平请教。陈平开始的时候一直不肯出主意,直到刘邦再三追问,并说:"我打算派兵去讨伐他,你看怎么样?"

陈平反问刘邦:"这次有人上书告发韩信要造反的事情还有别人知道吗?"刘邦回答:"没人知道。"陈平又问:"那韩信自己知道吗?""也不知道。"刘邦说。

想了一会之后,陈平又问刘邦:"陛下的军队比韩信的厉害吗?"刘邦回答:"不见得。"

陈平再问:"陛下手下的武将有谁能在战场上赢得了韩信吗?"

"没人赢得了。"刘邦越说心里越没底。

陈平说道:"军队实力不如韩信,手下的将领又没人是韩信的对手,真要打起来,谁输谁赢还不知道呢,我真的很为陛下担心啊。"

刘邦一听就急了,赶紧问陈平怎么办。陈平说:"古时候的天子经常到各地去巡游,会见各地的诸侯,南方有个地方叫云梦泽,陛下您就假装要到云梦泽去巡游,并在陈州会见诸侯,而陈州就在韩信的地盘上,韩信听说天子巡游到他的地界上,一定回

陈平祠

来拜见,到那时把他抓起来,不用出动军队,只用一名武士就够了。"

刘邦按照陈平的计策去做,果然看到韩信跪在道路中间迎接天子,刘邦就让埋伏起来的武士将韩信捆绑了起来,关进了囚车。后来刘邦把韩信贬为淮阴侯,把他囚禁在了京城,这样韩信就再也不可能造反了,陈平的计策,避免了一场战争,又维护了国家的安定与统一。

陈平的一生屡献奇计,如解白登之围、智放樊哙等,为汉初的稳定作出了巨大的贡献,在刘邦死后,陈平继续辅佐汉文帝,并登上宰相的位置,达到了他一生中最辉煌的顶峰。

狂生谋士——郦食其

我们经常能看到一些爱喝酒的人，一般来说他们的名声都不太好，什么酒鬼了、酒仙了、酒囊饭袋了。但在历史上有这样一个人，不但爱喝酒，而且喝出了名堂，他称自己是"高阳酒徒"。他就是刘邦手下的一个重要谋士，人称狂生谋士的郦食其。

郦食其是陈留高阳这个地方的人，从小就非常爱读书，可是他的家境非常贫穷，连份能够挣钱养家糊口的工作都没有。最后只得到县衙里当了一个看门的小官，尽管他地位卑微，但县里面的人，无论是当官的还是有势力的人家，都不敢随便使唤他干活。县里的人都叫他"狂生"。

当时正赶上秦朝末年，朝政腐败，爆发了大规模的农民起义，而各路起义军路过郦食其家乡的就有十几支之多，但是郦食其听说这些起义军的首领都是些斤斤计较，喜欢烦琐细小的礼节，又狂妄自大，听不进去别人的话的人，因此他就干脆躲在家里很少出门，不去逢迎这些小人。

有一天，他听说刘邦带兵来到了陈留城外，而刘邦的一个手下恰好就是郦食其邻居的儿子，刘邦经常向他打听陈留有没有什么有才能的人。因此，有一天当这个人回到家的时候，郦食其便对他说："我听说刘邦这个人傲慢而且看不起人，但他有远大的志向和谋略，这才是我真正想追随的人，只是苦于没人把我介绍给他。你见到刘邦，他再问起你陈留有才能的人时，你可以这样对他说：'我家乡有位郦先生，已经六十多岁了，大家都叫他狂生，但他自己却说自己不是狂生。'"

那人听后对郦食其说："刘邦不喜欢儒生，如果有儒生戴着帽子前来，他就会把他们的帽子摘下来，然后在里面小便，而且和他们说话，刘邦动不动就会破口大骂，所以你最好不要以儒生的身份前去见刘邦。"郦食其说："你就照我说的做就可以了。"这个人回去后，就把郦食其的原话对刘邦说了一遍。刘邦也对这个"狂生"很感兴趣。

刘邦塑像

等到刘邦来到高阳，便派人去找郦食其来见他，郦食其来到刘邦住的地方，先是让人递上自己的名帖。此时，刘邦正在床边伸着两条腿让两个女人给他洗脚，见到郦食其，刘邦动也没动。郦食其见到这样的场景，只是简单地拜了一下，并没有行大礼。

郦食其对刘邦说："您是想帮着秦国打诸侯呢？还是想率领诸侯灭掉秦国？"刘邦一听大怒："你这个奴才相儒生，天下百姓受到秦的欺压已经很久了，所以大家才一起来反抗残暴的秦朝，你怎么说帮助秦国打诸侯呢？"

郦食其说："如果您已经下定决心，召集百姓，组织正义的军队来推翻残暴无道的秦朝，那你就不应该用这种傲慢无礼的态度来对待年纪大的人。"于是刘邦立即停止洗脚，穿好衣服，把郦食其请到上宾的位置，并诚恳地向他道歉。

郦食其向刘邦谈了战国时期六国合纵连横的一些策略，刘邦听后非常高兴。他对郦食其说："那您看我们今天的策略应该怎么制定呢？"郦食其说："您把这些乌合之众、散兵游勇组织起来也不过只有一万人，就这样和强大的秦军直接对抗的话，那就是把羊送到老虎的嘴里。而陈留这个地方是交通要道，道路四通八达，陈留城里又储存了很多粮食。我与那陈留县令是好朋友，不如您派我去劝说他来投降，如果他不投降，您再发兵攻打，我在城里给您做内应。"

于是，刘邦就派郦食其到陈留城中游说，而自己则带兵紧随其后，这样陈留就被攻占了下来，使刘邦获得了很多粮食和物资，解决了他的后顾之忧。刘邦非常高兴，便赐予郦食其广野君的称号。

郦食其又向刘邦推荐自己的弟弟，让他带来了几千人追随刘邦，而自己则常常担任刘邦的说客，以刘邦使者的身份奔走在各个诸侯之间。

公元前204年秋天，项羽攻打刘邦，攻克了荥阳城，剩余的汉军逃到了巩和洛。不久之后，楚军听说淮阴侯韩信已经攻破赵国，而彭越又多次在梁这个地方造反。因

郦食其画像

此，楚军就分出一部分兵马前去营救。当时，淮阴侯韩信攻破赵国之后，正在进攻齐国，而刘邦又多次在荥阳和成皋被项羽围困，因此就想放弃成皋以东的地盘，退守巩和洛来对抗楚军。

郦食其便对刘邦说："我听说知道天为什么是天的人，就可以成就统一天下的大业；而不知道天为什么是天的人，就不可能统一天下。而作为将要统一天下的王者，他会以百姓为天，而百姓又把粮食作为天。敖仓这个地方，各地往那运送粮食已经有很长时间了，因而储存的粮食非常多。楚军攻占了荥阳，却不派兵

守护敖仓,而是领兵向东面去了,只让一部分罪犯来守成皋,这是上天要把这一部分粮食送来资助汉军啊。现在的楚军因为分兵很容易被打败,而我们却要后退,把到手的利益让给项羽。我个人认为这么做不对。而且,两个强大的对手不可能永远同时存在,现在楚和汉的战争已经打了很长时间了,百姓不能安定下来,整个国家的局势都很动荡,农民不去种地,妇女不去织布,都在观望。百姓的心向着哪一方还没有定下来。所以请您赶快出兵,收复荥阳,占领敖仓,同时利用成皋的险要,堵住前往太行的通道,守住蜚狐关口,把守住白马津渡口,让诸侯看清天下实际的形势,那么老百姓也就知道该投靠谁了。现在燕国和赵国都已经被平定了,只有齐国还没有打下来,但齐国幅员千里,田间又带领二十万大军驻守历城,他们背靠着大海,利用黄河、济水的阻隔,南面又靠近楚国,即使您出动几十万大军,也不可能在几个月内攻下齐国,不如让我去劝说齐国投靠您,让他成为汉国在东方的一个属国。"

刘邦听了很高兴:"那就按先生说的去做吧。"

游说齐国

刘邦听从了郦食其的劝说,派兵重新攻占了敖仓,并派郦食其出使齐国。郦食其见到齐王,对他说:"您知道什么是天下人心所向吗?"齐王说:"不知道。"郦食其又说:"如果您能知道天下民心所向,那么齐国就可以保存下来,如果您不知道,那么齐国就很难保住了。"齐王赶紧问:"那天下的百姓究竟向着谁呢?"郦食其说:"都向着汉王刘邦。"齐王又问:"你为什么这么说呢?"郦食其回答道:"刘邦和项羽一起向西攻打秦朝的时候,在楚怀王面前都已经约好了，谁先攻入咸阳，谁就在那里称王，刘邦先攻入咸阳，但项羽却违背了自己的誓言，不让刘邦在关中称王，而把他赶到了汉中。项羽派人暗杀了楚怀王，汉王刘邦听说后，立刻出兵讨伐项羽。兵出函谷关追问楚怀王的下落，聚集天下的兵马，拥立原来六国诸侯的后人，攻下城池后立刻给有功的将领封侯，获得钱财宝物立刻分给手下的兵士，和天下人分享利益。所以，那些英雄豪杰、才能超群的人才会愿意为刘邦卖命。各路诸侯的军队也从四面八方前来投靠，蜀汉的粮食也源源不断地送来。而反过来看项羽，既有违背誓言的坏名声，又有杀害楚怀王的不义行为。他对别人的功劳从来不记得，而对别人的错误却从来不忘记，将士打了胜仗从来不奖励，攻下城池从来不封给爵位，如果不是他们项家的人就不会得到重用；对有功的人许诺封侯，可是封侯的印章就留下自己手中，不愿意给别人；攻占城池获得的财物，宁可堆在那里也不愿意分给大家。"

郦食其顿了一下，又说："所以天下的百姓都背叛他，有才能的人都讨厌他，没人愿意为他效力。因此，天下有才能的人都来投奔刘邦，汉王坐在那就可以驱使他们为自己办事，汉王带领军队，平定了三秦，占领了河西之外的大片土地。率领投诚过来的上党精锐军队，攻

郦公殿

65

占了井陉，杀死了安成君；又打败了河北的魏豹，占领了三十二座城池，这就像黄帝无敌的军队一样，并不是靠人的力量，而是靠上天的保佑。现在汉王已经占有了敖仓的粮食，成皋的险要之地，守住了白马渡口，堵住了前往太行的要道，扼守蜚狐关口。天下的诸侯如果谁最后投降就会被最先灭掉，您如果赶快投降汉王，那么齐国还能保存下来，如果不投降，那么齐国灭亡的时刻就会到来。"

田广认为郦食其说得很有道理，就听从郦食其的建议，撤出了守卫历城的兵马，天天与郦食其饮酒作乐。

惨遭烹食

淮阴侯韩信听说郦食其不费吹灰之力，就是坐在车上跑了一趟，凭借着三寸不烂之舌就获得了齐国七十多座城池，心中很不服气，于是就趁着夜色，带兵偷偷穿过平原去袭击齐国。齐王听说韩信已经带兵杀来了，认为是郦食其出卖了自己，就对郦食其说："你如果能让韩信停止进攻，我就让你活着，如果

刘邦塑像

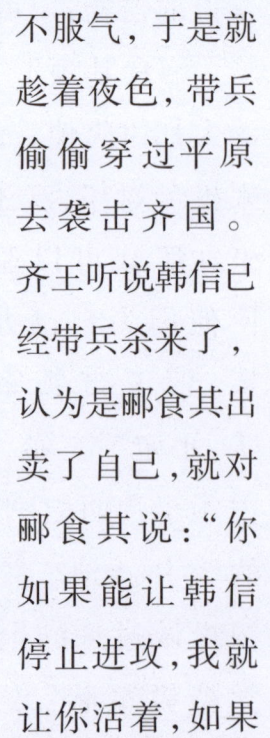

不能，我就把你煮熟了。"

郦食其说："做大事的人不会拘泥于小节，有大德行的人也不会怕别人的责备，老子才不会为你去劝说韩信呢！"这样，齐王便烹杀了郦食其，然后带兵向东面逃跑了。

高祖在分封列侯功臣时，十分思念郦食其。郦食其的儿子郦疥多次带兵打仗，但立下的军功没有达到封侯的程度，皇帝就因他父亲的缘故，封郦疥为高梁侯。后来把他的封地改在武遂，侯位传了三代。

韩信塑像

舌辩之士——陆贾

陆贾是西汉时期著名的政治家、文学家和思想家,刘邦起义的时候,就因为陆贾善于辩论,口才出色,常常派他出使各个诸侯国。

西汉建立之后,陆贾再次出使南越,说服赵佗归附汉朝,重新确立了汉朝对南越地区的管理。

陆贾原来是楚国人,虽然是个儒生,但口才好得惊人,秦朝末年,天下大乱,陆贾前来投奔刘邦,并受到重用。刘邦夺取天下后,建立西汉,陆贾仍然是刘邦手下最重要的大臣。

陆贾在皇帝面前时常谈论《诗经》《尚书》等儒家经典,听到这些,高祖很不高兴,就对他大骂道:"老子的天下是骑在马上南征北战打出来的,哪里用得着《诗》《书》!"

陆贾回答说:"您在马上可以取得天下,难道您也可以在马上治理天下吗?商汤和周武都是以武力征服天下,然后顺应形势以文治守成,文治武功并用,这才是使国家长治久安的最好办法啊。从前吴王夫差、智伯都是因极力炫耀武功而致使国家灭亡;秦朝也是一味使用严酷刑法而不知变更,最后导致灭亡。假使秦朝统一天下之后,实行仁义之道,效法先圣,那么陛下您又怎么能取得天下呢？"

　　刘邦听完之后，心情很不痛快，脸上露出惭愧的颜色，就对陆贾说："那就请您尝试着总结一下秦朝失去天下，我们得到天下的原因究竟在哪里，以及古代各王朝成功和失败的原因所在。"这样，陆生就奉旨大略地论述了国家兴衰存亡的征兆和原因，一共写了十二篇。每写完一篇就上奏给皇帝，皇帝没有不称赞的，左右群臣也是一齐山呼万岁，把他这部书称为"新语"。

　　陆贾认为，政府只要顺应自然法则做事，在适当的时间做适当的事情，那么什么事情都会做得好，可是看起来好像政府什么事都没做一样。例如，当老百姓太贫穷时不要增加赋税，即使加得很少，老百姓也负担不起；可是当百姓富裕起来之后，即使你成倍地增加赋税，群众也感觉不到。刘邦听从了陆贾的建议，休养生息，国家很快从衰败中恢复过来。

出使南越

　　就在刘邦统一中国的时候，原来秦朝的将军赵佗也率军平定了南越地区，并在那里自立为王。刘邦考虑天下刚刚安定，老百姓生活很苦，不适宜在这个时候再发动战争，就没有派

陆贾塑像

兵进攻赵佗,而是派陆贾带着他赐给赵佗的南越王的印章前去,想要说服赵佗归附汉朝。陆贾到达南越后,看到赵佗梳着当地流行的一种像锥子一样的发型,像簸箕一样把两条腿伸开坐着,就这样接见他。

陆贾直接就对赵佗说:"你原本是中原人,你亲戚、兄弟、祖先的坟墓都在真定。而你现在却没有遵循中原的习俗,丢掉中原的服饰,想用这只有弹丸那么大的小小的南越来和天子对抗,那你也快大祸临头了。况且秦朝残暴无道,各路诸侯豪杰纷纷起义,只有汉王刘邦能够首先入关,占领咸阳。项羽背叛原来的誓言,自立为西楚霸王,诸侯都归顺项羽,可以说项羽的强大是谁也无法相比的。但是,汉王刘邦自从巴蜀之地出兵后,最终征服了天下,又平定了敢于反对他的诸侯,杀死项羽,灭掉楚国。五年的时间,实现了统一。这不是靠人的力量能够办到的,而是上天帮助他的结果。现在大汉的天子听说您在南越称王,汉朝的武将都想带兵来消灭您,但是皇上爱惜百姓,想到他们刚刚经历了战争的苦难,因此才暂时没有出兵,派我来到这授予您南越王的金印,互相派遣使臣。您应该到郊外去迎接我,面向北方,拜倒称臣,但是你却想用这刚刚建立的,还没有把老百姓的心收拢起来的小小南越来对抗朝廷,如果让朝廷知道了这件事,派人烧毁您祖先的坟墓,杀掉您的亲人,再派一名偏将率领十万军队来攻打你,那么南越人把你杀死然后投降汉朝,就像翻一下手背那么容易。"

赵佗听完陆贾的话,马上站起身来,向陆贾道歉说:"我在这蛮夷之地住得时间长了,所以太失礼了。"

紧接着,他又问陆贾:"我和萧何、曹参、韩信相比,谁更有品德和才能呢？"陆贾说道："您好像比他们强一点。"

赵佗又问他："那我和皇帝刘邦相比呢？"

陆贾回答："皇帝从沛县起兵，讨伐残暴的秦朝，扫平强大的楚国，为天下人谋利益去除祸害，继承了三皇五帝的宏伟事业，统一了整个中国，而中国的人口是按亿来计算的，土地辽阔，处于天下最富饶的地区，人多车多，物产丰富。政府统一行使职权，这种盛况是开天辟地以来从来没有过的，而你现在的百姓不过几十万，而且都是没有开化教育的蛮夷，又居住在这狭小的山沟里，面积也只不过和汉朝的一个郡差不多吧，您怎么能和汉朝相比。"赵佗听了哈哈大笑。通过交谈，赵佗特别欣赏陆贾，留下他和自己饮酒作乐了好几个月。赵佗说："南越人当中，没有一个人能和我谈得来，等你到我这里来了之后，才使我每天都能听到过去没有听说过的事情。"赵佗送给陆贾一份包裹，价值

陆贾与赵佗塑像

千金,另外又送他许多礼物,也价值千金。陆贾终于完成了刘邦交给他的使命,让赵佗向汉朝称臣,服从汉朝的管理。陆贾回到京城之后,把以上情况都汇报给了刘邦,刘邦听后非常高兴,任命陆贾为太中大夫。

陆贾分金

公元前195年,刘邦病逝,太子刘盈即位,他就是汉惠帝。汉惠帝是个软弱无能的人,大权全都由太后吕氏把持。不久之后,吕太后为了扩大吕家的权势,分封了很多吕家的子侄为王侯。右丞相王陵等一些忠于刘家的官员以刘邦说过"如果不是刘家的人称王的,天下就一起讨伐他"为依据,反对吕太后的做法,但都被吕太后罢了官。

陆贾也不赞成吕太后把吕家的人都封侯的做法,但他知道自己职位低,说话没有分量,于是就借口自己有病辞去了官职。并把家搬到了乡下一处风景秀美的地方。

陆贾有五个儿子,他把出使南越所获得的东西变卖后得到的一千两黄金都分给了他的儿子,每人二百两。让他们用这笔钱,自己去谋生。并对他们说:"今后我将随意闲游,逍遥林下,我和随从到哪家,就由哪家提供吃的和住的地方。如果我死在谁家,我随身的车马宝剑等东西,就归谁家所有。"

儿子们都答应了,各自去安家谋生。陆贾则坐着马车,到处游山玩水,他玩累了,到任何一个儿子家,儿子对他都很好。

吕太后掌权时期,封吕家人为王。吕家人专揽大权想劫持幼主,夺取刘姓的天下。右丞相陈平对此很是担忧,但是自己力量有限,不能强争,害怕祸及自己,常常安居家中反复思索。有一次，陆贾前去拜见陈平，径直到陈平身边坐下，此时陈平正在深思，没有立刻发觉到陆贾到了。陆贾问道："您的忧虑为什么如此深重呢？"

陈平说："你猜猜看，我究竟忧虑什么？"陆贾说："您位居右丞相之职，是有三万户食邑的列侯，可以说富贵荣华到了无以复加的地步，应该说是没有这方面的欲望了。然而若是说您老有忧愁的话，那只不过是担忧诸吕后和幼主而已。"

陈平说："你猜得很对，你看这事该怎么办呢？"

陆贾说："天下平安无事的时候，要注意丞相；天下动乱不安的时候，要注意大将。如果大将和丞相配合默契，那么士人就会归附；士人归附，那么天下即使有意外的事情发生，国家的大权

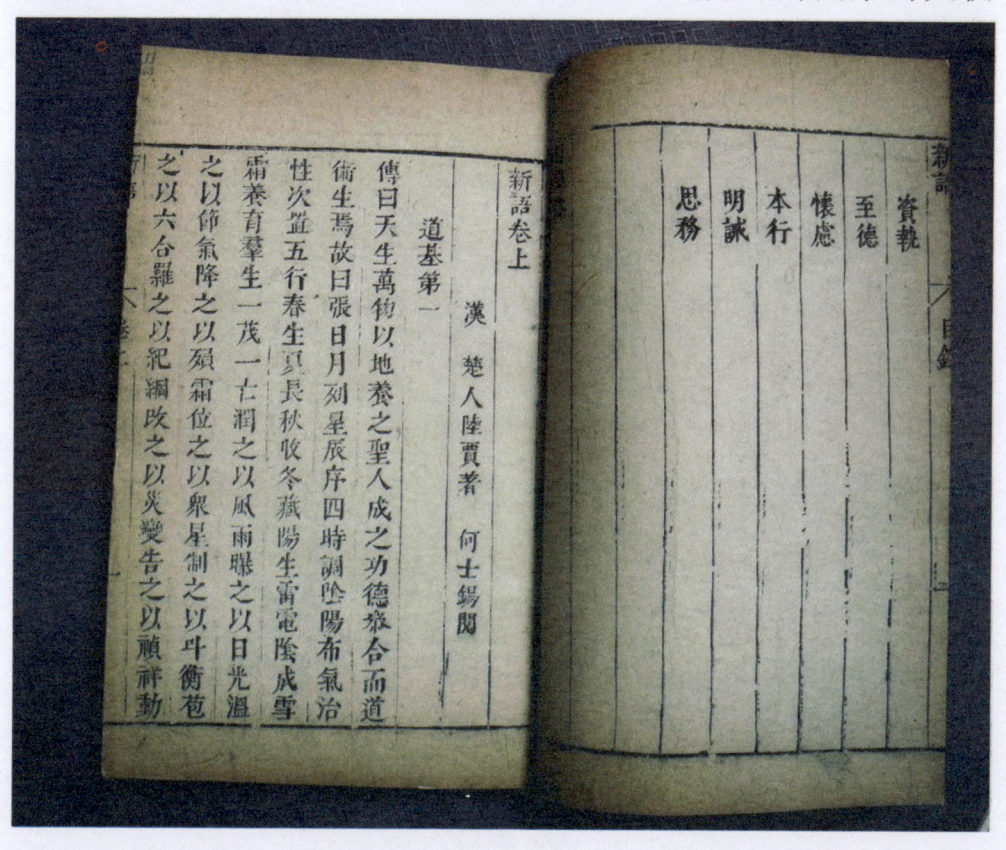

陆贾著作

也不会分散。为国家大业考虑，这事情都在您和周勃两个人掌握之中了。我常常想把这些话对太尉周勃讲明白，但是他和我总开玩笑，对我的话不太重视。您为什么不和太尉交好，建立起亲密无间的联系呢？"

接着，陆贾又为陈平筹划出几种对付吕氏的办法。陈平就用他的计策，拿出五百金来给绛侯周勃祝寿，并且准备了盛大的歌舞宴会来招待他；而太尉周勃也以同样的方式来回报陈平。这样，陈平、周勃二人就建立起非常密切的联系，而吕氏篡权的阴谋也就更加难于实现了。

南越王塑像

陈平又把一百个奴婢、五十辆车马、五百万钱送给陆贾作为饮食费用。陆贾就用这些费用在汉朝廷公卿大臣中游说。

后来，陈平和周勃诛杀了专权的吕家人，拥立汉文帝登上了皇帝的宝座，在整个过程中，陆贾出了不少力。

汉文帝即位后，想派人出使南越，陈平就向汉文帝推荐陆贾为太中大夫，出使南越，劝说赵佗废除皇帝的称号，使南越又重新回到中央政府的管辖，加强了中原和南越地区的联系，可以说陆贾功不可没。

公元前170年，陆贾病逝，结束了他传奇的一生。

百无一失——程昱

东汉末年,天下大乱,诸侯相互厮杀,争夺天下,最终形成了魏、蜀、吴三国并立的局面,而曹操之所以能够打败强敌,统一整个北方,与他能用人才、善用人才是分不开的,曹操手下可以说是人才济济,其中有一位十分重要的谋士,那就是程昱。说起程昱这个名字,还有一段典故。程昱原名叫作程立,有一天晚上他做了一个梦,梦见自己站在泰山上用双手捧起太阳。醒来后感觉非常奇怪,后来曹操得知这件事后,认为这是好兆头,就顺应梦意,给程立改名为程昱。

东汉末年爆发了黄巾起义,东阿县的县丞王度也起兵响应,他派人烧掉了县里的仓库,而东阿县的县令一看有人造反,竟然吓得翻墙逃跑了,为躲避战祸,城中的百姓也向东逃到了渠丘山。这时,还在家里的程昱就派人去侦察情况,结果发现王度等人虽然占领了县城,但却无法守卫,而是在县城西面五六里之外驻扎。程昱于是对县里的一个豪强地主薛房说:"现在王度等人占领了县城却无法防守,接下来的情况就可以预测了,他只不过是想趁机抢夺财物,并没有想招募军队守城的意思。我们为什么不返回县城去守城呢?而且东阿县城的城墙又高又厚,又有很多

粮食，如果我们回去寻找县令，一起守城，王度就不可能待得长久，到那时再向他进攻，就可以把他打败。"薛房等人认为程昱说得很对，但逃出来的百姓却不愿意跟随他们返回县城。

程昱只有无奈地说："不能和愚民一起商量大事。"于是，程昱偷偷派了几个人在东面的山上高举旗帜，故意让薛房等人看见，然后程昱大喊："贼兵打来了。"说完便带头跑回城里，百姓以为贼兵真的打来了，就跟着程昱一起回到了城里。

回到城里之后，程昱好不容易把县令找到了，就下令一起坚守县城。后来王度等人前来攻城，打了很久都没有办法攻下，正想撤退，程昱下令打开城门，主动进攻。结果王度大败，东阿县城也因此保全下来。

审时度势

公元192年，兖州刺史刘岱想让程昱来做自己的谋士，程昱没有同意。当时刘岱和袁绍、公孙瓒是亲家，袁绍让自己的妻子和孩子住在刘岱那里，公孙瓒也派手下范方带兵帮助刘岱守城。可是后来袁绍和公孙瓒产生了矛盾。

公孙瓒打败了袁绍的军队，于是就派人对刘岱说要带走袁绍的妻子和孩子，让刘岱把人交给他，并且要刘岱跟袁绍绝交。公孙瓒又向范方下达命令："如果刘岱不交出袁绍的家人，你就领兵回来，等我打败了袁绍，再来收拾刘岱。"

得知这个消息后，刘岱始终不能作出决定。后来，有人对刘岱说："程昱这个人很有谋略，大事可以问他。"于是刘岱派人找来程昱问他该怎么办。程昱说："如果你放弃袁绍这个离你很近的帮手，而想去寻找离你很远的公孙瓒的帮助，那么就像你要跨

曹操塑像

过很远的距离来拯救溺水的儿童一样。而且,公孙瓒也不是袁绍的对手,现在只是稍稍打赢了袁绍的军队,但是最后一定会被袁绍打败。如果你只看到这一朝一夕的形势而不考虑长远的计划;那么,将军您最后肯定会失败的。"

刘岱听从了程昱的建议。没有交出袁绍的家人,于是范方就领兵走了,可是还没等他回到公孙瓒那里,公孙瓒就已经被袁绍打败了。刘岱因此对程昱十分感激,给朝廷上奏章,想要程昱做骑都尉,但程昱却以自己身体有病的借口推辞了。

后来,刘岱被黄巾军杀掉了。曹操率兵来到兖州,想要征召程昱,程昱却马上答应了。程昱临走的时候,他的乡亲都十分困惑,问他:"两次征召你,可你为什么表现得这么不同呢?"程昱笑了笑,没有回答。

程昱刚到曹操那里的时候,曹操就与他谈论天下大事,听了

程昱的话，曹操非常高兴，让程昱担任寿张县的县令。曹操进攻徐州时，让程昱与荀彧留守鄄城。没想到张邈发动叛乱，迎接吕布进入兖州，其他的郡县纷纷响应，只有鄄城、范县、东阿三座城没有跟随叛乱。

有一个投降过来的士兵对程昱说：吕布派陈宫带兵想要进攻东阿县，又派汜嶷到范县。听到这个消息，城中的官吏和百姓都感到十分害怕。

荀彧对程昱说："现在兖州叛乱，只有这三座城保全了下来，现在，陈宫又兵临城下，如果我们不能同心协力，这三座城也很难保全下来，您是大家的希望，如果你回去向他们游说，一定能够成功。"于是程昱返回东阿，当时汜嶷已经来到了范县，范县的县令靳允在程昱的鼓励下，派人杀掉了汜嶷。

程昱又派骑兵占领了仓亭津渡口，使得陈宫的军队无法渡河。当程昱到达东阿时，东阿县令枣祗已经在派人坚守城池了。在程昱的努力下，终于守住了三座城池，等曹操回来的时候，抓住程昱的手，感激地说："如果不是程昱的努力，我就没有地方去了。"于是上书朝

曹操塑像

廷,封程昱为东平相,驻守范县。

明于军计

公元194年,曹操和吕布在濮阳交战,曹操连吃败仗。又赶上闹蝗灾,于是双方都暂时撤兵。袁绍趁机派人游说曹操和自己联合,希望曹操能够迁到邺城居住。当时曹操看到兖州刚刚丢失,军粮又快耗尽,想答应袁绍的要求。

正在这时,程昱求见,对曹操说:"我听说将军想迁到邺城,与袁绍联合,有这样的事吗?"

曹操说:"是的。"程昱劝说曹操:"我认为将军您只是一时害怕才作出这样的决定,否则又怎么会这样不仔细考虑呢?袁绍占据着燕、赵的土地,有想吞并天下的野心,但是他的智谋却不能帮助他成就大事。将军认为能在这样的人手下做事吗?如今虽然兖州丢失,但还有三座城池在,能打仗的士兵也不少于一万人,凭借着将军的神武,再加上我和荀彧等人的协助,招募士兵进行准备,那么您的霸业就可以成就了。希望将军能够慎重考虑。"曹操这才放弃和袁绍联合的想法。

汉献帝定都许县之后,任命程昱为尚书。当时,兖州还没有安定,因此程昱又兼任济阴太守,管理兖州的政事。

公元198年,刘备失去徐州,前来投靠曹操。郭嘉和程昱都劝说曹操杀掉刘备,但曹操没有答应。

后来,曹操派刘备去徐州进攻袁术,程昱对曹操说:"您不杀掉刘备,现在又借给他军队,他肯定对您会有二心。"曹操听后十分后悔,赶忙派人追赶刘备,但是已经太迟了。果然,袁术病死之后,刘备来到徐州,杀掉车胄,举兵背叛曹操。

曹操塑像

公元200年，袁绍在黎阳将要渡河，而程昱却只有七百名士兵守卫鄄城，曹操知道情况紧急，就派人告诉程昱，想要多派两千人前往鄄城帮助他守城。程昱不肯接受，他说："袁绍的军队有十万人之多，因此他认为自己所向无敌。他如果看到我的兵少，一定不敢轻易进攻。但如果增加了我的士兵，人太多就不得不打，而打的话，鄄城就保不住了，最后只能两败俱伤，请您不要怀疑。"曹操听从了程昱的话，果然袁绍听说程昱的兵少，不敢贸然进攻。曹操对贾诩说："程昱的胆量真是超过孟贲、夏育啊。"

后来，程昱纠集了一群山民及亡命之徒，得到了精兵几千人，于是领兵与曹操在黎阳会合，讨伐袁谭、袁尚。曹操命李典与程昱等人用船运送军粮。会和魏郡太守高蕃率军截断了水路。曹操对程昱说："如果船过不去，就改用陆路运粮。"

李典和大家商议："高蕃的军队缺少铠甲，只是仗着河流的阻隔，现在很松懈，我们如果进攻肯定能打败他们。"程昱认为很对，所以出兵进攻，终于打败高蕃，确保了水路的畅通。

打败袁谭和袁尚后，曹操紧接着进攻荆州，刘备跑到了东吴向孙权求助。有人认为孙权肯定会杀掉刘备，程昱却说："孙权刚刚继位，天下人对他还并不害怕，而曹公您天下无敌，攻克荆州，威震天下，孙权虽然很有谋略，但也不能单独与您对抗。刘备的名声一直很好，关羽和张飞又是万人难敌的猛将，孙权肯定会支援刘备,一起抵抗我郡,就算之后他们分开了,刘备已经得到实际上的援助,到那时,即使孙权想杀刘备也杀不了了。"孙权果然给刘备补充兵力,一起抵抗曹操。曹操攻下荆州之后,中原地区都已经平定。曹操的势力日益壮大。

一次,曹操摸着程昱的后背对他说:"当初兖州失败的时候,要不是听了你的话,我今天又怎么会来到这里呢?"

程昱回答道:"有句话叫'知足不辱',一个人只要懂得知足,就不会因为过分的贪婪而得到屈辱的收场,如今是我急流勇退的时候了。"于是正式表示交还兵权,从此闭门不出。

公元211年,曹操征讨韩遂、马超的时候,曹丕留守,又派程昱帮助曹丕处理军事方面的事情。正赶上苏伯等人在河间造反,曹丕派将军贾信前去平叛。叛军中有一千多人投降,朝中的大臣都认为应该按照原来的法令,把投降的士兵全杀了,程昱却说:"以前之所以要杀投降来的士兵,是因为当时天下大乱,攻打敌人时采取围困后投降

程昱塑像

的人要被杀掉的方针，是为了让其他人知道不尽早投降的后果，让所有的敌人都感到害怕，那么以后就不再需要围城了。现在天下安定，而且事情又发生在我们自己的领土上，杀了他们也没有了意义。我认为这些人不可以杀掉，即使我们要杀，也要征求一下曹操的意见。"

可是大臣都说："军事上的事我们自己决定就好，不用什么事都向曹公禀告！"

程昱听后不再说话，直到早朝结束后，曹丕特意找来程昱，问他："刚才看您好像还有话要说？"

程昱这才回答："所谓可以自己作决定的制度，指的是面对临时紧急的事情，需要赶快作决定的时候，才可以实行的。如今反贼都已经被贾信制服，这件事就不会再有大的变化。因此，我才希望您不要急着自作主张，做出出格的事情。"

曹丕这才明白程昱的苦心。感叹地说："程先生真是考虑得十分周到啊！"他马上派人将河间叛变一事禀告曹操。曹操果然下令不杀投降的士兵。曹操回来之后得知了事情的经过，十分高兴，对程昱说："你不但明白军事，也善于处理别人父子之间的事情。"

后来，曹操去世，曹丕即位，朝廷分封程昱的两个儿子为列侯，正当曹丕想要册封程昱为公爵的时候，却得到一个消息，程昱去世了。

后来，为了表示对程昱的敬重，曹丕命人将程昱的牌位一起供奉在了祭祀曹操的太庙中。

奇谋毒士——贾诩

如果我们说曹操是一代枭雄的话,那么在三国时代,真正在谋略上击败曹操,并让曹操自己都觉得很佩服的人,就是贾诩了。贾诩可以说得上是三国时期实力派的谋士,他谋略之奇之准,让人惊叹;而他谋略影响之大,也使得他无愧于第一谋士的称号,虽然有时贾诩也会放纵一下自己的谋士才华,却很少计较功名利禄。贾诩先是帮助张绣,后又辅助曹操、曹丕,他每次献计,往往都能取得奇效。

贾诩年轻的时候并不出名,只有当时的

贾诩塑像

名士阎忠认为他与众不同，说他有张良、陈平那样的智慧。贾诩早年因为孝顺父母而被推举做官，后来因为身体有病辞官回家，在回家的路上，遇到一群叛乱的氐人，他和同行的几十人一起都被氐人抓走了。

贾诩说："我是段公的外孙，你们别伤害我，我家一定会用重金来赎我。"当时的太尉段颎，因为很长时间都在边疆地区担任将军，可以说是威名远扬，所以贾诩就谎称自己是段颎的外孙来吓唬氐人，果然这些人不敢伤害他，还把他送了回去，而其他的人却都被杀了。可见，贾诩拥有随机应变处理事情的才能。

公元189年，董卓进京，废掉了汉少帝刘辩，改立汉献帝刘协。董卓封自己为相国，从此上朝的时候也不向皇帝行礼，时常带着宝剑上殿，好不威风，不把任何人放在眼里。此时，贾诩正在董卓的女婿牛辅那里做官。不久之后，牛辅派李傕、郭汜、贾诩等人领兵攻打关东联军，在梁东打败了孙坚的军队，孙坚带着一千多骑兵突围逃走。

公元192年，董卓被杀，牛辅便派使者到长安去请求皇帝赦免他们的罪过。司徒王允没有同意。李傕等人十分害怕，不知道该怎么做，准备解散军队，逃回家里躲避。贾诩当时因为也是董卓原来的部下，为了保住性命，就出面阻止，他对李傕说："听说长安城里正在商量把凉州人都杀光，而现在你们竟然打算抛弃大家一个人逃走，这样的话，一个亭长就能把你们抓住。不如我们带领部队向西进攻，沿途招募士兵，再次进攻长安，为董卓报仇，如果我们成功的话，就可以尊奉国家的命令征讨天下，如果不能成功，再逃走也不晚。"大家都表示同意。

于是，李傕等人就派人到处散播谣言，说王允想把凉州人都杀光。又联合原来凉州的将领，率领军队日夜兼程，向长安进攻，等军队到达长安城下的时候，已经聚集了十几万人。可是长安防守严密，他们打了很久都没有攻下长安。后来，城里一些叛变的士兵引导李傕的军队进城，李傕的军队在城里与吕布守城的军队展开巷战，吕布最后失败了，仅仅带着一百多名骑兵逃走，李傕在城里大开杀戒，一时之间，长安城到处是刀光剑影，腥风血雨，朝野大乱，百姓和官吏的尸体把街道都堵塞了。

李傕逼迫汉献帝封自己为扬武将军。可以看出贾诩的一句话虽然是为了保住自己的性命，但是却给百姓造成了无穷的灾难，使东汉再次陷入了混乱的状态。后来，李傕因为贾诩的功劳想要封他为列侯，贾诩却说："我这是为了保住性命才出的计谋，哪里有什么功劳？"坚决不肯接受。最后任命贾诩为尚书，专门负责选拔人才。李傕等人虽然和贾诩

贾诩像

曹操画像

关系很好,但同时也很怕他。

不久之后,贾诩的母亲去世了,贾诩就辞掉了官职。此时,李傕等三人虽然把持朝政,但是三人互相猜忌,争夺权力,多次大打出手,后来李傕杀死了樊稠,又与郭汜矛盾激化,李傕请贾诩来帮助自己。在此期间,贾诩为帮助汉献帝逃走,保护大臣和百姓出了很多力,后来李傕和郭汜停战,贾诩便辞去了自己宣义将军的职务。

当时,将军段煨与贾诩是同乡,他的军队驻守在华阴,贾诩便想去投靠段煨。贾诩本来就很有名,段煨手下的将士对他都很佩服,因此段煨怕贾诩到来会夺了自己的兵权,但表面上对贾诩十分客气。贾诩看出了段煨的忧虑,心中很不安。

南阳的张绣暗地里和贾诩有来往,张绣就派人去接贾诩,贾诩临走的时候,有人问他:"段煨对你这么好,为什么你还要离开呢?"贾诩说:"段煨性格多疑,有猜忌我的意思,虽然现在对我很好,却不能依靠他,如果时间久了一定会被他所杀,而如果我离开他一定很高兴，又指望我能为他联系外援，一定会好好对待我的家人，而张绣手下缺少谋士，也很希望我去，这样我和我的家人都能够得到保全。"贾诩到了张绣那里，张绣果然很高兴，带着家人前来迎接。而段煨知道贾诩离开了，也果然好好对待贾诩的家人。

献计张绣

公元197年，在贾诩的说服下，张绣的军队驻扎在宛城和荆州的刘表联合。因此，他们二人就成了曹操的心腹大患。后来，曹操出兵攻打张绣，包围了张绣驻守的穰城。不久之后，曹操听说袁绍想要趁着他进攻张绣的机会偷袭许都，便马上从穰城撤退。

张绣派兵追击曹操，而刘表也派兵占领安众，切断了曹操军队的退路，想要和张绣前后夹击曹操，没想到曹操用计打败了张绣和刘表的军队。曹操获胜后，加速向北撤退。张绣亲自派兵去追赶，贾诩劝说张绣："不要追，追的话一定会失败。"

张绣不听劝告，强行追击，结果又被曹操打败。这时，贾诩对张绣说："形势现在已经发生了变化，赶快去追击曹操准能获胜。"张绣听从贾诩的建议，整顿军队，再次追击曹操，竟然将曹操的后卫部队击溃。

得胜后，张绣向贾诩请教这是怎么回事，贾诩解释说："这个道理很容易明白，将军您虽然很善于用兵，但是肯定不是曹操的对手。曹军虽然刚刚撤退，曹操肯定亲自殿后，我们的士兵虽然很精锐，但将领比不过曹操，而且他们的士兵还很有士气，所以我知道将军您肯定会失败。曹操之所以还没有尽全力攻击就忙着撤退，一定是后方出了事，所以打败将军的追兵后，一定会全

力撤退,留下别人殿后。他留的将领虽然厉害,却比不上您的,所以我知道将军即使用刚刚失败的军队也能获胜。"这件事让张绣对贾诩很佩服。

公元199年,袁绍派人来招降张绣,张绣准备同意,但贾诩却当着张绣的面回绝了袁绍的使者。后来张绣问贾诩原因,贾诩说:"袁绍心胸狭隘不能容人,而如果我们投降曹操反而有三点优势:一是曹操假借天子来命令诸侯,名正言顺;二是曹操现在兵力比较弱小,所以更愿意拉拢盟友;三是曹操志向远大,一定会不计前嫌。"

张绣听从了贾诩的建议,率领军队归顺了曹操。曹操听到这个消息非常高兴,亲自接见了贾诩,并拉着他的手说:"让我的信誉能够名扬天下的人,是你啊!"曹操封贾诩为都亭侯,同时封张绣为扬武将军,并让他的儿子曹均娶张绣的女儿为妻。

辅佐曹操

公元200年,曹操与袁绍在官渡展开决战。曹操军队的粮食已经用尽了,曹操问贾诩有什么办法,贾诩说:"您在精明、勇敢、用人、决断四个方面都胜过袁绍,之所以两军相持半年却无法获得胜利,是因为您什么方面都想顾及啊,如果抓住机会,就能很快取胜。"曹操认为贾诩说得很对。不久之后,许攸前来投奔,并献上火烧乌巢的计策。

曹操抓住机会派兵偷袭袁绍军队储存军粮的乌巢,一举战胜了袁绍。河北平定之后,贾诩被曹操任命为太中大夫。

公元208年,曹操占领荆州,想趁着这个机会顺江而下,进攻东吴,进而一统天下。贾诩劝说曹操先不要着急,应该安抚百姓,等待时机,曹操被胜利冲昏了头脑,没有听从贾诩的劝告,结果在赤壁大败而回。

公元211年,韩遂、马超聚集了十多万人马,据守潼关对抗曹操。马超战败后,提出以黄河为界的议和条件,被曹操拒绝。因此,马超多次领兵前来挑战,曹操就是坚守不出,让马超想速战速决的打算落空。到9月份的时候,马超又一次提出划地为界的请求,并且把儿子送到曹操那里当人质。

贾诩建议曹操可以表面上答应马超,使他放松警惕,实际上积极准备,等待机会。曹操又问贾诩要怎么样才能打败韩遂和马超,贾诩说:"可以使用离间计。"

曹操采用了贾诩的办法,写信离间马超和韩遂,让他们内乱。等到时机成熟,曹操军队对韩遂、马超发动进攻,最终获得了胜利。

当时曹操还没有确立谁当太子,长子曹丕是五官将,而曹植的名声要比他的哥哥大得多,因

曹操塑像

此曹丕派人向贾诩请教办法，贾诩说："我希望将军您修养品德，努力学习，不要违背做儿子的道义，这就够了。"

曹丕听从了他的建议，刻意磨炼自己。后来，曹操私下问贾诩对确立谁为太子的看法，贾诩却什么也不说，曹操问他为什么不回答，贾诩说："我在想袁绍和刘表啊。"曹操大笑，于是当年就立曹丕为太子。要知道袁绍和刘表都是因为废长立幼造成大乱。

曹丕画像

贾诩认为自己是中途投奔曹操的，不是曹操的老部下，所以怕曹操猜忌自己，于是就待在家中，很少出门，也不与别人私下交往，他的子女婚嫁也绝不攀结权贵，因此当人们谈论这些谋士的时候都很推崇他。

公元220年，曹丕即位，为了报答贾诩的恩情，封贾诩为太尉，掌管军事，册封他为魏寿乡侯，封贾诩的小儿子为列侯，他的长子贾穆为驸马都尉。

公元223年3月，曹丕第一次进攻东吴，未达成预期战果。在此之前，曹丕问贾诩："我想统一天下，吴国和蜀国我应该先打哪一个？"贾诩建议他先治理好国家再动武，但曹丕不听，果然最后无功而返。这一年的6月，贾诩去世，终年77岁。

算无遗策——荀攸

荀攸出身于名门望族,他的父亲荀彝,曾经担任州从事的职务。但荀攸从小失去父母,跟随他的祖父荀昙一起生活,到他十三岁那年,祖父荀昙也去世了。这时,原来荀昙手下一个叫张权的官员,主动来到荀家,要求为荀昙守墓。

荀攸见到张权后,对他的叔叔荀衢说:"我看这个人脸上的神情不对,我猜想他肯定做了什么奸猾的坏事!"荀衢趁着晚上睡觉的时候趁机盘问,果然张权是因为杀了人,在外面逃亡,想要以守墓为借口隐藏起来。

公元184年,何进主持朝政,征召天下名士包括荀攸在内二十多人入朝为官,荀攸入朝之后,被任命为黄门侍郎。

此时已经是东汉末年,由于朝政腐败,民不聊生,爆发了黄巾起义,而在朝廷内部也是争权夺势,斗争不断。公元189年4月,汉灵帝刘宏驾崩,刘辩继位。可是年幼的刘辩根本无法控制局势,暂时由何太后临

荀攸像

朝听政,皇帝的权力更加衰微。宦官和外戚为了获得控制皇权的特殊权利,斗争日趋激烈,双方不惜采用一切手段,相互排挤,殊死斗争。

在这种情况下,为了打击宦官的势力,大将军何进不得不依靠外部军阀的力量,他秘密召大军阀董卓入朝,可是还没等到董卓来到,他自己就被人杀掉了。而董卓这个人,生性凶残,而且野心很大,何进这一举动无异于引狼入室。

董卓入京之后,大开杀戒,废掉了刘辩,改立刘协为皇帝,其实皇帝只是一个空架子,把持朝政的正是董卓。后来,董卓又把宫殿一把火给烧了,逼着皇帝把都城迁到了长安。荀攸就和议郎郑泰、何颙、侍中种辑、越骑校尉伍琼等人商议说:"董卓残暴无道,全天下的人都很怨恨他,虽然他手下有不少的军队,但实际上他只不过是个有勇无谋的人而已,我们应该刺杀他,用他来向百姓谢罪,然后借助皇帝的诏令来号召天下,这是像齐桓公、晋文公那样的霸王做的事情。"大家都认为荀攸说得很对,就准备刺杀董卓。但是还没等他们准备好,消息就走漏了。董卓将何颙、荀攸等人抓进大牢之中,何颙害怕得自杀了,而荀攸却毫无惧色,该吃吃该喝喝。直到董卓被杀才被无罪

荀攸像

释放。

　　荀攸经历过这件事后,辞官回到了家里,不久之后,又受到朝廷的征召,而且考试成绩优异。被任命为任城相,但他没有去上任。荀攸因为蜀汉地区地形险要,城池坚固,老百姓生活比较好,想要请求去那担任太守,但是因为道路不通,队伍停在了荆州。

荀攸像

得遇明主

　　公元196年,曹操把汉献帝迎接到许昌,并在那里重建了都城,曹操给荀攸写了一封信,信中说道:"现在天下大乱,正好是有谋略的贤能之人展现自己才华的时候,而先生此时却在蜀汉静观时局的变化,不是太保守了吗?"于是,以朝廷的命令征召荀攸为汝南太守,后来又让他担任尚书。曹操早就听说过荀攸的大名,与荀攸的一番对话让他感觉很高兴,曹操对荀彧、钟繇说:"荀攸可不是个平常的人,我能够和他一起商量大事,怎么还会忧虑得不到天下呢?"从此,荀攸成为曹操的军师。

　　后来,荀攸跟随曹操征讨张绣。荀攸看出当时的形势对曹操很不利,就对曹操说:"张绣现在与刘表联合起来,相互帮助就像牛的一对犄角一样,但是张绣的军队的一切补给都要靠刘表来提供,时间一长,刘表肯定就支持不住了,肯定会和张绣分裂。现在我们不如先暂缓进攻,等待形势发生变化;如果我们现在急着进攻,刘表肯定会拼命救援张绣,我军就不容易获得胜利了,到那时候我们就会陷入进退两难的局面。"可是曹操并没有听从荀

攸的劝告,发兵进攻张绣,结果刘表果然出兵救援,曹操的军队吃了败仗。

曹操对荀攸说:"我真后悔没有听先生的话,才造成了现在的后果。"荀攸又为曹操献上一计,曹操依计而行,果然打败了张绣和刘表。

同一年,曹操从宛城出发进攻吕布,到达下邳时,吕布战败后退回城内坚守,曹操命令军队几次进攻都被打退了,将士都已经十分疲惫。曹操就想撤回军队。但荀攸和郭嘉说道:"吕布这个人有勇无谋,现在连着三次都被打败,他已经没有什么锐气了。领军的人是军队的核心,如果领军的人都衰弱不堪了,那他的军队也一定没有什么士气。就算陈宫有什么高超的计谋也已经太迟了,现在应该趁着吕布还没有恢复士气,陈宫还没有定计,发动猛攻,这样就可以打败吕布了。"于是,曹军挖开沂水和泗水河,用河水灌城,最终城池被攻下,抓住了吕布。

妙计百出

公元200年2月,袁绍首先派大将颜良围攻白马城。得到消息后,曹操亲自率军北上营救。当部队正在向前开进的时候,荀攸认为敌我力量对比悬殊,不能与他们正面对抗。他认真分析了当时的局势,向曹操提出了声东击西、解救白马的作战方针。荀攸认为袁绍兵多,应该想办法分散他的兵力,于是劝说曹操先派兵到延津,假装要渡河去攻击袁绍的后方,袁绍一定会派兵向西应战,此时再派轻骑兵对围困白马的袁绍军队发动突然袭击,打他个措手不及,就一定能够打败颜良。

曹操听了荀攸的一番话,觉得十分有道理,就按照荀攸的计谋攻占延津，假装渡河。袁绍果然上当，派兵增援延津。而曹操趁机率领骑兵袭击白马，颜良来不及防备，被关羽所杀。

　　曹操解除了白马的围困之后，率领六百骑兵押送粮草辎重沿着河流向西撤退。刚走了没多久，就与袁绍的五六千的追兵相遇了。曹操手下的将军看到敌人众多，都感到很害怕，劝说曹操退守大营。而荀攸知道敌人的弱点，于是就说："这正好是我们消灭敌人的好机会，为什么要后退呢？"曹操看了看荀攸，两个人都笑了。原来曹操早就明白了荀攸的意思。于是曹操命令士兵解开马鞍，丢掉辎重，引诱袁绍军队前来抢夺。等到袁军靠近，正在相互争抢的时候，曹操突然命令手下的将士上马，以迅雷不及掩耳之势发动攻击，大败袁军。

　　后来，曹操听从许攸的计策，在乌巢烧光了袁绍的粮草，正当袁绍军队军心大乱的时候，荀攸又向曹操献上一计："现在应该乘胜追击，可以传假情报说我将调动兵马，一路兵马做出要进攻邺郡的样子，而另一路做出攻打黎阳的样子，要断袁绍的后路。袁绍如果听说了这个传闻，以他那多疑的性格，肯定

荀攸

会以为是真的,就会分兵来阻击我军,我们可以趁他调兵的时候,对他发动突袭,本来袁绍的军队就没什么斗志,这么做一定能将他打败。"

曹操听了荀攸一番话,觉得很有道理,立即采用荀攸的计谋,出动三路人马,四处造谣,散播迷惑袁绍的消息。袁军听到后马上报告给袁绍:"曹操分兵两路,一路去进攻邺郡,一路去进攻黎阳了。"

曹操塑像

袁绍信以为真,急忙派十万大军,分别去营救邺郡和黎阳。而曹操则集中大队人马,趁着袁绍军营空虚,对他发动了攻击,曹军士兵像潮水一样冲进袁军军营,本来袁军就没什么斗志,这样一来,更是四散奔逃,根本没办法抵抗。袁绍连盔甲都来不及披上,就带着小儿子袁尚逃走了,而曹军在后面紧追不舍。为了渡河逃命,袁绍把金银财宝、图书车辆全都扔了,只带着贴身的骑兵八百多人一起逃到了黎阳,这一仗,曹军大获全胜。

公元前203年，曹操发兵进攻刘表。当时，袁绍已经去世，他的两个儿子袁谭、袁尚为争夺权力大打出手，后来袁谭失败，便派人来向曹操求救，并表示愿意归顺曹操。曹操同意了，就问手下各位将领的意见，多数人认为刘表比较强大，应该先进攻刘表，而袁谭、袁尚实力弱小，根本不值得考虑。

可是荀攸却说："现在天下大乱，刘表力量虽然强大，但是可以看出他并没有想吞并天下的志向。而袁绍占据着四个州的土地，带甲的士兵不下十万人，袁绍因为宽厚深得民心，他本来想两个儿子相互和睦守护好家业，可如今他们兄弟两个闹翻了，就像水和火一样。如果这两个人联合起来，就很难击败他们，现在正好趁他们内乱的时候攻打他们，河北就可以平定了，这个好机会可不能失去。"

曹操说："好。"就答应袁谭，率军打败了袁尚，后来袁谭发动兵变，荀攸又帮助曹操击败袁谭，并将他杀死在了南皮。从此，冀州就平定了。

曹操给汉献帝上奏章称："军师荀攸，每次出征没有不跟从的，能够打败敌人，都是因为有荀攸的谋略。"于是汉献帝下诏封荀攸为陵树亭侯。

公元214年，荀攸跟随曹操进攻孙权，在出征的路上得了重病，不久就去世了。曹操每当提起荀攸都会痛哭流涕，伤心不已。

公元244年，魏帝曹芳下诏在供奉祖先的太庙祭祀荀攸，并给荀攸追加敬侯的谥号。

97

多谋善断——徐庶

"人在曹营心在汉"这个成语相信很多人都非常熟悉,它的意思是说虽然人在那里,但心却不在。其实这个成语来源于三国时期的两个历史人物,其中一个就是徐庶。在长篇历史小说《三国演义》中徐庶可以说大名鼎鼎。一出山就帮助刘备破了曹仁的八门金锁阵,大败曹军,后来曹操仰慕徐庶的才华,于是就利用程昱的计策,将徐庶的母亲骗到许都,逼迫徐庶投靠曹操,等徐庶来到曹营之后,他的母亲因为这件事自杀了,徐庶发誓一辈子都不为曹操出一条计策,这才有了这个典故。

在《三国演义》中,徐庶最后按照凤雏先生庞统的计谋,终于又重新回到了刘备身边。但实际上历史和文学作品是有很大的区别的。那么,真实的徐庶是什么样子的呢?

徐庶小时候非常仰慕那些疾恶如仇、扶危济困的武林大侠。所以,他有一个理想,那就是要做一名顶天立地的大侠,行走江湖,无拘无束,帮助那些需要帮助的人。为了实现这个远大的理想,徐庶从小就拜师学习武艺,苦练武功,结交江湖上的朋友,和他们切磋各门各派的武功。等到他的武功小有所成之后,徐庶便离开家乡,到四方去游历,每当看到不公平的事或者看到

徐庶庙

  别人遇到困难,他肯定会去帮忙,做了很多除暴安良、扶危济困的侠义之举。所以,徐庶很快就成了一名远近闻名的少年侠士。

  东汉灵帝中平末年,也就是公元188年,徐庶的一位好朋友得罪了当地的一个恶霸,结果被恶霸勾结官府害得家破人亡,万般无奈的时候,只好来请少侠徐庶。徐庶一听这件事,感到十分愤怒,二话不说就答应要为朋友报仇雪恨。接受朋友的请求后,他用白色的泥涂到脸上,让别人认不出来他,一个人闯进恶霸家中,一剑就刺死了这个仗势欺人、危害一方的恶人。

  正当徐庶杀了恶霸准备离开的时候,不料被听讯赶来的大批官差包围。经过一番苦战,最后还是因为寡不敌众,失手被擒。徐庶被关进大牢后,遭到了严刑拷打,当地的县官想从他口中得到是谁指使他这么做的,但是徐庶出于江湖道义,却始终不肯说出事情的真相;又怕说出来会连累到母亲,尽管被打得皮

开肉绽,也不肯说出自己的姓名。

最后,官府实在没有办法了,就派人把徐庶绑在刑车的柱子上,游街示众,要老百姓来辨认他的身份。但是徐庶为当地除去了一大祸害,老百姓都被他侠义的举动所感动,所以到最后也没有一个人站出来指认他。官府也没办法了。后来,徐庶的朋友散尽家财,到官府上下打点,费尽了周折,终于将徐庶从死囚牢里救了出来。

弃武从文

从死囚牢侥幸捡回一条命的徐庶回到家中开始沉思,因为这件事在思想上给了他极大的震动,他开始认识到仅仅靠他自己的力量,是不能把人间所有的不公平的事全部铲除,也不能杀光天下的大奸大恶的人。徐庶又看到当时的东汉,日益腐败,诸侯割据,相互之间战争不断,所以他就决定从此要弃武从文,因为只有掌握一身治国用兵的本领,才能造福于天下苍生。

从那以后,徐庶就告别了江湖上的朋友,扔掉了刀枪剑戟,静下心来读书学习。刚到学馆学习时,同学们知道他以前曾经学过武功,而且还犯过法杀过人,所以都不愿意和他交往,可徐庶却一点也不放在心上,不知疲倦地投入到学习中。

由于他学习勤奋,又十分的聪明,所以进步很快。再加上他为人忠厚老实,对别人又十分诚恳,别人得罪他,他也从不记恨,豁达大度,所以很快就得到了老师和同学们的谅解。在学馆学习的时候,他和同郡的石韬有相同的兴趣和爱好,所以二人成了无话不说的好朋友。

汉献帝初平年间,汉朝皇室日渐衰微,大权旁落,出现了宦官和外戚交替专权的情况，皇帝已经没有任何权利，成了任人摆布的傀儡。在中原大地上，诸侯割据，相互混战不断。徐庶和石韬等人，为了躲避战乱，带着全家人搬到了荆州地区。

在荆州，徐庶认识了同样从外地搬到此地的崔州平、孟公威和诸葛亮、庞统等人。在和诸葛亮的交往中，徐庶被诸葛亮渊博的学识、高于常人的见解、对当时天下局势敏锐的观察判断能力和独特的治国用兵的方法所深深折服。诸葛亮也十分敬仰徐庶出众的才能学识和高尚的人品。因此，两个人就成了好朋友，经常在一起推心置腹地谈论天下大势，评论当时的英雄豪杰，探讨治国用兵的道理和方法。

力荐英才

徐庶住在荆州的时候，刘表多次派人送去重礼想请徐庶来做自己的谋士。但是徐庶观察刘表这个人，认为刘表虽然号称是皇亲国戚，有礼贤下士的名声，但是在他的骨子里却优柔寡断，知道是对的却不能做，知道是错的却不能改，只不过是徒有虚

徐庶故里

名罢了。因此,徐庶坚决推辞,不愿做官。

汉献帝建安六年,也就是公元201年,刚刚在中原地区打了败仗的刘备来投靠刘表,虽然是亲戚,但刘表对刘备总是心怀疑虑,怕刘备夺了自己的权力,所以就让刘备驻守新野来抵抗曹操。徐庶仔细观察刘备,发现刘备心中有远大的志向,才智和谋略都要高于常人,而且对待部下也很好,大家都很拥护他。

于是,徐庶就来到新野求见刘备,而此时刘备正准备去拜访荆州和襄阳一带贤能之人,对当时就已经很有名气的徐庶来投靠自己感到非常高兴。刘备很看重徐庶的才能和人品,马上就把他留在自己的大营之中,并给了徐庶很重要的职务,让他参与整顿军事,训练士兵。

徐庶故里

公元204年,刘备趁着曹操出兵进攻河北邺城的时机,出兵抢占地盘,当刘备的军队向北前进到叶县附近的时候,留守许昌的曹军大将曹仁带领于禁、李典等人出兵抵抗。因为刘表拒绝出兵援助,而刘备的军队实力根本无法抵挡曹军的进攻。

在这危急的时候,徐庶建议刘备放火烧了军营,假装退兵,然后派关羽、张飞、赵云等人领兵埋伏起来,偷袭曹军的追兵。刘备按照徐庶的计策去做，曹仁不知道这是诡计，不顾李典的劝阻，和于禁率领轻骑兵追击刘备，没想到刘备埋伏的军队同时发起进攻，将曹军团团包围起来，曹军伤亡惨重。刘备反败为胜，有惊无险。这才从容退兵，回到新野。

徐庶杰出的军事才能，使得刘备十分惊喜，夸他有王佐之才能。徐庶极力谦让，说自己的才能和学识和诸葛亮根本无法相比，同时向刘备推荐了诸葛亮。过去刘备在荆州曾经拜访过阳翟的名士"水镜先生"司马徽，司马徽也向刘备推荐过诸葛亮。现在看到徐庶对诸葛亮又那么地推崇，当时就产生了想招揽诸葛亮的想法。他想委托徐庶代表自己，去请诸葛亮出山，但是徐庶婉言推辞了。

他告诉刘备，像诸葛亮这样有经天纬地的才能，治国安邦的能力，人们说他是"卧龙"，只要得到他就能够平定天下，对于这样的盖世奇才，不是随随便便就能请来的，建议刘备亲自去请。

刘备为了能够成就霸业，求才若渴，他不惜放下自己的身份，三顾茅庐，虔诚的心终于感动了诸葛亮。诸葛亮接受了刘备的邀请，出山辅佐刘备，从而奠定了三国鼎立的局面。

公元208年，曹操亲自率领大军进攻荆州。这时刘表已经去世了，他的儿子刘琮还没有打就投降了曹操。刘备没有办法，只能率领二十多万军民向南撤退。因为当中有很多百姓，所以行动很慢。当曹军追到当阳长坂坡的时候，刘备寡不敌众，被曹军打得大败，所有的粮草物资全都丢失了。徐庶的母亲不幸也被曹军抓住，曹操仰慕徐庶的才能，于是就命人伪造了徐庶母亲的书信，让徐庶去许都。

徐庶是个孝子，当他接到书信的时候，痛不欲生，含着眼泪

向刘备告辞。

临走的时候,他用手指着自己的胸口说:"本来想和将军一起成就霸业,我的这颗忠心,只有上天才能明白。不幸的是我的母亲被曹操所抓,我已经方寸大乱,我就是留在您身边也起不到什么作用,所以请您允许我告辞,北上去供养我的母亲。"

刘备虽然舍不得让徐庶离开自己,但是他知道徐庶是出了名的大孝子,又不忍心看到他们母子分离,更怕万一徐庶的母亲遇害,自己会落下拆散人家骨肉的罪名,所以只好和徐庶洒泪告别。

徐庶北上投靠曹操后,在心里仍然十分挂念刘备等人,虽然他有杰出的谋略和才华,但始终不愿意为曹操出谋划策,与刘备、诸葛亮为敌。因此,徐庶在曹操那里待了几十年,却从来没有在政治和军事上有任何作为,几乎快被人遗忘了。这就是我们常说的"徐庶进曹营,一言不发"。后来徐庶官升至右中郎将、御史中丞。

后来诸葛亮三出祁山,北伐中原,当他听说了好友徐庶到曹营后的经历,也不禁为自己好友的一生叹息。

回顾徐庶的一生,虽然命运有很多波折,人生的道路也充满坎坷,最终也没做出什么惊天动地的大事,但他忠诚正直,为人坦诚,孝敬母亲,力荐英才的品德将永远被后世铭记。

大智如愚——鲁肃

提起鲁肃这个人，给人的印象并不是很深刻，在周瑜运筹帷幄的光环下，甚至鲁肃有的时候给人有点愚笨的感觉。可实际上，鲁肃却是孙权手下最重要的谋士之一，也正是他促成了刘备和孙权联合共同对抗曹操，对后来赤壁之战的胜利及三国鼎立局面的形成作出了巨大贡献，特别是在周瑜去世之后，鲁肃代替周瑜领兵。在后来蜀国和吴国关系紧张，孙刘联盟面临破裂的关键时刻，鲁肃为缓和双方的紧张局势，继续维持孙刘联盟，不给曹操可乘之机做出了自己的努力。

东汉末年，宦官把持朝政，横征暴敛，弄得民不聊生，地主豪强又疯狂抢占土地，农民大量逃亡成为流民。在这种情况下，爆发了大规模的农民起义。在镇压农民起义的过程中，各地的割据势力日益壮大，为了争夺土

鲁肃画像

地和人口,这些势力频繁争战,天下大乱。而鲁肃出身于一个富贵家庭,但在这种情况下,他不仅不去想怎么继承家业,反而变卖家产和土地,把钱财都施舍给了周围穷困潦倒的人,也喜欢结交一些贤能的人,因此鲁肃深受百姓爱戴。

当时,周瑜担任居巢长,听说了鲁肃的名声,专程带着几百人来拜访,请求鲁肃资助他们一些粮食。当时鲁肃的家里有两个圆形的大粮仓,每一个粮仓都装着三千斛米,当周瑜说出想要借粮的想法时,鲁肃毫不犹豫,立即用手指着其中的一座粮仓,把整仓的米都赠给了周瑜,经过了这件事,周瑜确信鲁肃不是一般的人物,就主动与他交往,而且后来成了向春秋时期公孙侨和季札那样牢不可破的好朋友。

当各路豪杰相互争夺地盘,战火就要烧到鲁肃家乡时,为了躲避战祸,鲁肃全家搬到了东城居住。当时的东城,是袁术管辖的领地。袁术听说了鲁肃的名声,就请他担任东城的长官。但是鲁肃发现袁术的部下经常违法,军纪很差,不能成就大事,所以带领着一百多人向南去投奔了周瑜,在向南前进的时候,他让年老的人和小孩走在前面,自己则带着身手敏捷和身体强壮的人殿后。

当袁术得知鲁肃出走的消息后,急忙派人来拦截。鲁肃让这些负责殿后的人一字排开,拉开弓箭,对前来拦截的追兵说:"你们都是男子汉,应该明白现在天下的形势。现在天下大乱,有功劳的,得不到奖赏,没有功劳的也不会受到责罚,你们为什么还要逼迫我呢?"说着,让人把盾牌立在地上,在离着很远的距离将箭射了过去,箭把盾牌都给射穿了。追兵看得是目瞪口呆,一方面觉得鲁肃的话很有道理,另一方面也觉得凭借自己的力量估计也打不过他，只好撤兵。鲁肃安全到达居巢。

　　不久之后，周瑜来到东吴，投奔孙策，鲁肃与他一同前往，把家人留在了曲阿。见到孙策以后，孙策也听说过鲁肃的名声，对他很赏识。后来，鲁肃的祖母去世了，他回到东城区办理丧事。刘子扬是鲁肃的好朋友，就写信给他，信里面说："现在天下豪杰并起，以你的才能，正适合现在的形势。赶紧把你的母亲接来，不要再待在东城了。郑宝现在在巢湖，手下一万多人，有着肥沃的土地，庐江的人大多数都投靠了他，更何况是你了，看现在的形势，机不可失，你要赶紧下决定。"

　　鲁肃同意了刘子扬的意见，安葬完祖母，返回曲阿，马上整理行装，准备去投奔郑宝。说来也巧，正好赶上周瑜已经把鲁肃的母亲接到了吴郡，鲁肃去见周瑜，把刘子扬的建议和自己的打算都和他说了。

　　当时，孙策已经去世了，孙权仍然住在吴郡。周瑜就劝说鲁肃留下来，他说："昔日马援回答光武帝的时候曾说'现在的世道，不但是君主选择臣子，臣子也在选择君主'。现在孙权礼贤下士；而且，我听高人说，孙家一定会继承刘家的运势，在东南兴起，建

鲁肃画像

立帝王的基业,这正是我们的机会。你不用理会刘子扬的话。"

鲁肃听从了周瑜的话,周瑜马上向孙权推荐鲁肃,说鲁肃很有才华和能力,可以辅佐他;并建议孙权多笼络一些像鲁肃这样的人才,来成就他的霸业,不能让他们就这样流散到外地。

孙权听了周瑜的话,马上召见鲁肃。与鲁肃交谈之后,他感到非常高兴,等在场的其他宾客起身离开的时候,鲁肃也站起身来想要告辞离开。可是没过多一会,他又被偷偷叫了回来和孙权一起喝酒。孙权对鲁肃说:"现在汉室衰微,天下大乱,我继承了我哥哥的事业,想要建立齐桓公和晋文公那样的霸业,你既然来到我这了,用什么来帮助我呢?"

鲁肃回答:"当年汉高祖刘邦只是想辅佐楚怀王带却没有成功,都是因为项羽的谋害。现在的曹操就像当年的项羽一样啊,将军为什么想成为齐桓公和晋文公呢?我私下认为,汉室不可能复兴,曹操也不可能被铲除。我为将军谋划的,只有占据江东来观察天下的形势。天下的形势如此,占据一方自然不必有招猜疑,为什么这么说呢?北方的形势有很多变故,趁着北方有很多变故的机会,您应该剿灭黄祖,进攻刘表,向长江上游扩张,控制整个长江流域,然后称帝,等待时机统一天下,这是和汉高祖刘邦一样的大业啊。"孙权又说:"现在我只是占据一方来辅佐汉朝,你说的话太大了。"张昭认为鲁肃不够谦虚,便多次私下议论他,诋毁他,说什么鲁肃年轻又很粗鲁,不可以重用。孙权却对鲁肃另眼相看,非常器重他,给了他很多赏赐,使得鲁家又回到了原来的富裕生活。鲁肃也是尽心尽力辅佐孙权,每当有什么大事的时候,他都会参与谋划,而且看问题看得很深远,往往能看到别人所看不到地方。

合刘抗曹

公元208年,孙权命甘宁向西攻占江夏,杀掉了黄祖,然后准备夺取荆州。曹操本来没有时间顾及南方,但看到孙权攻占了江夏,又怕他会夺取荆州,成为自己的心腹大患,于是就在7月份开始准备进攻孙权,大军都集结到了南阳。

同年的8月,刘表病死。鲁肃对孙权说:"荆州的土地肥沃,百姓生活富裕,而且地理位置十分重要,而刘表刚刚去世,他的两个儿子向来不和,军中的将领又是各有拥护的对象,再加上刘备是一代枭雄,与曹操有仇,寄居在刘表那里,刘表因为妒忌他的才能而不重用他。如果刘备和刘表的儿子们上下一心,那么就安抚他,最好能和他结盟;如果不是,再想别的办法。我请求您派我去慰问刘表的两个

鲁肃墓

儿子，顺便劝说刘备安抚刘表手下的人，我们一起对抗曹操，刘备一定会非常高兴地同意这么做。如果真是这样，天下就可以平定了，现在不赶快去的话，就会被曹操抢先了。"孙权同意了鲁肃的请求，派他到荆州去吊丧，了解情况。

鲁肃刚刚走到夏口，就听说曹操已经开始向荆州进军了，鲁肃日夜兼程，等他到了南郡，刘表的儿子刘琮已经献出了荆州投降了曹操，而刘备准备渡过长江向南撤退。鲁肃当机立断去找刘备，在当阳长坂坡与刘备相遇。鲁肃说明了来意，然后与刘备讨论了一下现在的形势，并问刘备想要去哪里。刘备说想去投奔苍梧太守吴臣。鲁肃说吴臣是个没什么作为的平庸的人，劝刘备不要去投靠他。接着又向刘备详细述说了孙权的情况和江东的实力，劝刘备与孙权联合，共同对抗曹操。听了鲁肃的分析，刘备决定和孙权一起对抗曹操。所以，率领手下的军队驻扎在夏口，派诸葛亮跟随鲁肃去见孙权。

孙权得知曹操准备进攻自己，便召集手下的将领商议，将领们看到曹操势力强大，都劝说孙权投降曹操，只有鲁肃一句话也不说。孙权站起身来去上厕所，鲁肃跟着他来到屋檐底下。孙权知道他有话要单独和自己说，就拉着他的手说："你想说什么？"鲁肃说："那些人的话是想害你啊，不值得和他们一起图谋大事。现在我可以投降曹操，但是您不可以。为什么这么说呢？我投降曹操，曹操会把我送回乡里，让父老乡亲品评举荐，还少不了干个州郡的小官吏，坐着牛车，带着手下，跟士大夫郊游，资历够了说不定还能够升官，做个州郡的地方长官，将军您投降曹操，结果是什么呢？愿你早做决定，不要听那些人的话。"孙权听完，叹息一声说道："那些人说的话让我很失望，只有你的话和我的

鲁肃墓

意见相同,真是上天恩赐啊!"

　　此时,周瑜正在外地,鲁肃就劝孙权将周瑜召回。周瑜的归来,更坚定了孙权抗曹的决心。孙权授权周瑜,让他主持军事上的事情,又任命鲁肃为赞军校尉,帮助周瑜出谋划策,最终在赤壁打败了曹操。

　　赤壁之战结束后,鲁肃又劝说孙权将荆州借给刘备,以达到与刘备联合,共同抵抗曹操的目的。孙权同意了鲁肃的主张。曹操听到孙权把荆州借给刘备的消息时,正在写信,震惊之下,连手中的笔都掉到了地上。

　　不久之后,周瑜病危,他写信给孙权,推荐鲁肃取代自己的位置。周瑜死后,鲁肃被任命为奋武校尉,后来又升任汉昌太守、偏将军。可是,随着刘备的势力越来越大,特别是刘备攻占蜀地

之后,孙刘联盟之间的裂痕也越来越大。

单刀赴会

这时鲁肃与关羽各自镇守边界,但双方的领土交错在一起,两军多次发生摩擦。鲁肃从大局出发,总是以友好的姿态安抚双方。

等到刘备平定益州,孙权就派人去索要荆州,但是刘备不肯归还。孙权就派大将吕蒙进攻刘备,长沙、桂阳两个郡都投降了孙权,只有零陵太守郝普坚守城池不肯投降。

刘备听说了这件事,亲自率五万军队从成都赶回,派关羽率三万军队与东吴的军队展开激战。

鲁肃为了大局出发,邀请关羽见面,提出把各自的兵马都退后百步之外,只有双方的将军单独见面。

鲁肃塑像

鲁肃做出决定后,他的部下怕出意外,都劝他不要这样做。鲁肃丝毫没有害怕的意思,他说:"事到如今,应该把话说清楚,是非曲直还没有说明白,关羽又能把我怎么样呢?"说完便毅然前往赴会。

会面的时候,鲁肃几次指责关羽:"我们把荆州借给你们,当时你们刚刚兵败,没有落脚的地方,现在你们已经占领了益州,还不想归还荆州,我们想要回荆州的三个郡,你们又不同意。"

鲁肃话音未落,荆州方面的一位将领说:"土地只有有德行的人才能占有,怎么会一定是你们的呢?"

鲁肃马上大声训斥,表情和语气都很严厉。关羽这时也拿着刀站了起来,对那人说:"这是国家间的事,你懂什么!"用眼神示意那人赶快离开。

这次会面并没有解决两方面的问题,一时之间僵持不下,正在这时,曹操进攻汉中,刘备怕失去益州,便派人和孙权讲和,双方最后决定,以湘江为界,平分了荆州。江夏、长沙和桂阳三郡归孙权;南郡、武陵、零陵三郡归刘备。孙、刘两方面这才撤兵停战。

公元217年,鲁肃病逝,去世的时候只有四十六岁,孙权亲自为鲁肃举办丧事,并参加了他的葬礼。孙权始终不能忘记鲁肃在东吴政权创立过程中所起到的重要作用,在他称帝登坛祭天的时候,还念念不忘鲁肃的功劳。

高俊雅士——庞统

庞统，号凤雏，三国时期刘备手下重要的谋士，为刘备献计献策。进攻雒县时，庞统率军入城，不幸中流矢而死。

庞统年少时，外表看起来有些愚钝，没有人赏识，其实大智若愚，只有他的叔叔庞德公十分看好他，认为他肯定会一飞冲天。当时，颍川人士司马徽一向有识人的美名，庞统便前去拜访。交谈之后，司马徽十分欣赏庞统，称他是首屈一指的人才。从这以后，庞统的名声才开始慢慢传开来，与诸葛亮齐名。

赤壁大战后，庞统投靠了孙权，但是因为庞统不喜欢周瑜，而孙权最信任周瑜，所以孙权就不打算用他。鲁肃推荐他去刘备帐下，庞统听从了鲁肃的建议，来投靠刘备。但是却没有受到重用，只做了个耒阳县令。不久在诸葛亮和鲁肃的极力推荐下，刘备召见了庞统，与他谈论上下古今、军国大事，才开始逐渐器重起他来，拜他为治中从事，不久又与诸葛亮同为军师中郎将。

有一次，刘备在与庞统闲谈的时候问他："你曾经担任过周瑜的功曹。听说那次我到东吴，周瑜曾上了一封秘信给孙权，让孙权扣压我，不知道是不是真的有这回事？你现在在我的帐下，就应该忠心于我，你不必隐瞒。"庞统回答："的确是有这么回事。"

刘备慨然叹道:"当时我正处在危急之中,有求于孙权,所以才不得不去见他。没想到,竟然差一点落到周瑜的手中!"刘备继续说:"看来天下的智谋之士,对事情的预测都是一样的。孔明当时也劝我不要去,而且一再坚持,想来也是怕孙权扣压我。我当时却固执地认为孙权所要提防的是北面的曹操,应该希望和我一起联手,所以才坚持去见他,一点都没有顾忌。现在想来,当初确实是一步险棋,有欠斟酌啊!"

献计征蜀

公元211年,刘璋迎接刘备进入益州一起对抗张鲁。庞统跟随刘备带领数万名士兵进入益州,益州牧刘璋在涪城会见刘备,庞统向刘备献计说:"趁今天见面的机会,可以将刘璋抓住,这样

庞统祠

将军不需动用一兵一卒就可以得到益州。"刘备说："刚到别人的领地,恩德威信还没建立起来,这种事是不能做的。"刘璋隆重地招待了刘备及其部下,拨给了刘备不少兵马粮草,命他率兵攻击张鲁,刘璋交代完毕就回到了成都。

庞统向刘备献上了三条密计："暗中选派精兵良将,日夜兼程,抄小道袭击成都。刘璋既缺乏领兵作战的经验,又素来没有军事防备,我方大军突然赶到,一举便能拿下成都,这是上策。杨怀和高沛,都是刘璋手下的名将,他们倚仗着手里的强大兵力,占据白水关,听说他们好几次写信劝说刘璋,让刘璋打发您回荆州。将军未到达白水关时,先派人去告知他们,就说荆州形势危急,准备回军救援,再下令我军将士整理行装,假装要回荆州的样子。杨怀、高沛二人既钦服将军的英名,又高兴您离开益州,

庞统塑像

一定会轻装前来为将军送行，将军可乘机下令将他们捉拿，然后进关收编他们的军队，挥军攻打成都，这是中策。退回白帝城，联络荆州的兵马入蜀，然后慢慢再设法一步一步攻占益州，这是下策。假如还犹豫不决而一直停留在这里，必然会陷入严重的困境，千万不可拖延太久啊。"

庞统墓

　　刘备采纳了庞统所说的中策，斩杀了杨怀、高沛，发兵进攻成都，一路势如破竹，所经过的郡县纷纷被攻克，很快便拿下了涪城。

　　刘备在涪城大摆庆功宴，在席间他乘着酒兴对庞统说："今天的聚会，可真高兴啊。"庞统说："攻占别人的国土却认为是件高兴的事，这不是仁义之师的所作所为啊。"当时刘备已经喝得微醉，故而大怒说："武王伐纣，前歌后舞，难道不是仁义之师吗？你的话说得很不恰当，应该马上给我起身出去！"于是庞统站起身来退席出去了。

　　刘备马上就感到后悔了，忙派人把庞统请了回来。庞统回到席间坐下，对刘备不理不睬也不道歉，只是像开始那样吃喝。刘

备问他:"刚才的谈论,到底是谁的错?"庞统回答:"咱们君臣都有错。"刘备听后哈哈大笑,筵席又恢复了欢乐的氛围。

庞统测字

庞统年轻的时候会测字,在襄阳颇有名气。当时坐镇襄阳的是刘表,他不相信有这事。有一天,他化装成平民百姓的模样,来找庞统测字。庞统说:"你写个字吧。"刘表提笔写了个"人"字,问道:"你测测我是个什么样的人?"庞统看了看刘表那胖乎乎的手,说:"先生必有功名在身。"刘表心里一惊,但表面上仍然不露声色,付了卦钱,就离开了。

过了一会,刘表叫过身边的一个随从,对他说:"你也去测测。"那位随从在手掌中间也写了个"人"字,问庞统:"你看我是个什么样的人?"

庞统看了看说:"你是刚才那位官人的随从。"刘表的随从连连点头,回去跟刘表说,刘表心里还是不服气,在监牢里找了个囚犯,让他穿上自己的衣服,坐着轿子来到庞统跟前说:"你给我测个人字。"

庞统只将此人打量了一番,就说道:"你虽然穿着官服,却是个囚犯。"刘表又在街上找了个讨饭的,让他换上了一身干净的衣服,在庞统面前写了个"人"字。庞统看看这人的脸,说:"你是个沿街乞讨的乞丐。"

刘表心悦诚服,来到庞统面前说:"先生真是料事如神,你是怎么测出来的呢?"庞统微微一笑,说:"我只是善于观察而已,就拿今天测字的这几个人来说吧。第一个人字写得横行霸道,有志得意满之态,所以知道你是个非常之人。第二个人字写在那人的手心里，来人小心翼翼，有犬马之态，所以断定他是官人的随从。第三个人字，是从测字人的口中说出来的，那个人虽然身穿华服然而面有怯色，神情也是惶惶不安，人字出于此口，则是囚。那第四个人字就更容易了，那人面黄肌瘦，写出的人字也细如木棒，可断定是乞丐。"

刘表听了不断地称赞庞统的才华，可是心中却觉得此人才智过人，将来恐怕被人所用，就打算把庞统囚禁起来。庞统得到了风声，就隐居起来。

公元214年，刘备命诸葛亮、张飞等人带兵攻打白帝、江州、江阳。不久，刘备包围雒城。庞统率兵攻城，不幸被流箭射中身亡，时年三十六岁。刘备极其悲痛，追赐他为关内侯，谥号靖侯。

庞统祠

功盖诸葛——王猛

王猛，十六国时期著名的谋臣，在前秦官至丞相、大将军，辅佐苻坚扫平群雄，称霸北方。

王猛年轻的时候，家贫如洗，为了养家糊口，他不得不在洛阳以卖畚来维持生活。畚，就是用竹、木、铁片等做成的类似簸箕的器具，专门用于盛放东西。王猛每天都到街上卖畚，总是被人瞧不起。一天，有一个人来要出高价买畚，王猛见状，心中十分高兴。

那人说："可是，我身上没有带钱。我家住得离这儿很近，你要是方便的话，就跟我到家中去取钱。"王猛考虑了一下，便答应了。王猛跟着那人，并未觉得走了多远，但是却已经进入了深山之中，被带到了一位头发和胡须都已经花白的老翁面前，老翁端坐在椅子上，有十多个侍者环立在他两侧。

王猛连忙上前作揖。老翁见了，连忙说道："王公不用拜我。"说着给了王猛十倍的畚钱，并且派人送王猛回去。王猛告辞了老翁。等他出了山回头细看时，才发现自己原来是身在巍峨的中岳嵩山之中。

王猛在兵荒马乱的年代中，仍然手不释卷，刻苦学习，他博学多才，广泛汲取各种知识，但王猛性情洒脱，很多达官贵族根本瞧不起他。只有徐统看见他之后很惊异，召请他出任功曹一职，王猛却推辞掉了，跑到西岳华山隐居了起来，期待明主出现。

东晋桓温第一次北伐驻军灞上的时候，王猛身穿麻布衣服在桓温的营帐外求见，桓温请王猛谈谈当今天下的时局，王猛把南北的政治军事形式分析得十分精辟透彻，他一面侃侃而谈，一面把手伸进衣服里面捉虱子，旁若无人。

桓温见此情景，心中暗暗称奇，他问道："这次我奉皇上的命令，统率十万精兵远征关中讨伐逆贼，为百姓除害，而关中地方上的豪杰却没有来我这里效劳，这是为什么呢？"王猛回答说："您不远万里长途跋涉，但是长安近在眼前，您却不渡过灞水去把它攻下，大家不知道您心里怎么打算，所以不敢来见您。"

王猛的一席话正说中了桓温的心事。原来桓温北伐，不过是想建立他在朝廷上的威信，打击政敌，并不是打算真的恢复关中。他更怕与敌军的交战会耗损自己的实力，所以他一直驻军灞上，没有任何的行动。

被王猛说中心思，桓温无言以对，但他看得出王猛是个难得的人才。后来他在退兵的时候，给了王猛很多赏赐，再

桓温墓志铭

三邀请王猛一起南下,王猛知道自己在士族制度森严的东晋朝廷里,很难有所作为,便以继续读书为由拒绝了桓温。

得遇明主

前秦的君主苻健去世后,苻生继位。他残酷暴虐,以杀人为乐,全国上下人心惶惶,苻健的侄子苻坚决定除掉苻生。

苻坚是个很有作为的君主,他潜心研究经史典籍,文武双全,有济世安民、胸怀天下的大志。他一直招纳贤才,广聚英豪,有人向他举荐王猛,他立即派人迎王猛出山。苻坚与王猛一见如故,谈起天下大事,两人见解完全一致,苻坚高兴坏了,就像刘备遇到了诸葛亮、俞伯牙遇到了钟子期。

于是,王猛留在了苻坚身边,为他出谋划策,并为他设计诛灭了苻生。苻坚自立为君,任命王猛为中书侍郎,掌握国家机密。王猛很受器重,一年之内被提升了五次,很快就升为尚书左丞,一时无两。

那些皇亲国戚和元老旧臣见一个穷小子竟然受到如此器重,全都妒火中烧。有个氐族的元勋贵戚樊世依仗着自己帮助苻健攻打天下的功劳,公然侮辱王猛说:"我们曾经共同与先帝共创大业,都不能够参与国家机密。你无尺寸之功,凭什么管理国家大事?这不是我们种了庄稼而你白捡粮食吗?"

王猛回了他一句:"你们不但要耕种,还要做好饭端给我吃呢!"樊世听了气急败坏地说:"我迟早要让你的头挂在城门上,否则我就不活了。"没多久,樊世和王猛当着苻坚的面争吵起来,樊世仰仗着自己的功勋,要打王猛;苻坚大怒,便命人处死了樊世。这之后,一些公开攻击王猛的人受到了威吓全都转为暗中诋毁,苻坚对毁谤王猛的人,无论官职功劳大小,全部进行了惩处。于是,对王猛的反对和攻击才渐渐少了。

王猛深受苻坚的信任,他执法不阿、精明干练、赏罚分明。当时的前秦,法令不严,贵族功臣倚仗功勋,恣意妄为、无法无天,国家政权毫无威信。王猛首先做的就是整顿朝纲,严刑立法,树立国家政权的权威。

在王猛兼任京兆尹时,太后的弟弟强德酗酒行凶,欺男霸女,抢占百姓财物。王猛立刻搜捕了强德,一面派人报告给苻坚,另一面按照律例将他处死。等到苻坚的赦免诏书到时,强德早已被处决。紧接着,王猛全面彻查了祸国殃民的官僚公卿,几天的工夫就铲除了二十多个权贵。其余的官员全都受到了震慑,不敢再胡作非为,一时之间令行禁止,路不拾遗,社会治安明显改善。苻坚感慨道:"直到今天我才知道法的好处。"王猛又建议苻坚挑选得力的官员巡察国内各地,查处地方官员行为失当和压迫百姓等恶行,整肃吏治。

在有罪必罚的同时,王猛还不断地选贤任能。他曾力荐苻融、任群和朱彤等人,根据他们的才能安排职务。王猛对待他们就像苻坚对待自己一样:保护贤才,用人不疑。他帮助苻坚创立了荐举赏罚制度和官吏考核的新标准。

苻坚墓

一个才尽其用、官称其职的崭新局面在前秦日益形成。

王猛恢复了太学和地方各级学校,传统的儒家文化在北方得到了广泛的传播和发展,也为前秦培养了大量的官僚人才。王猛建议苻坚废除胡汉分治之法,让各族混居,有效地促进了民族融合。他还努力地发展社会生产,兴修水利,奖励农桑。前秦的经济基础得到了大幅度提高。

在王猛的尽心竭力下,前秦的国力得到了提升。苻坚曾经对王猛说:"您日夜操劳,忧国忧民,我得到了您就像周文王得到了姜太公一样,可以享清福了。"

王猛说:"陛下对臣做出如此高的评价,臣愧不敢当,臣只是感念陛下的知遇之恩罢了。"苻坚说:"可是在我看来,姜太公都不如您啊!"苻坚经常嘱咐太子等人说:"你们对待王公,要像对待我一样。"

死仍忧国

前秦在王猛的治理下,国力越来越强大:在十年之内,先后灭掉了前燕、代国和前凉三个小国,统一了黄河

王猛台

以北的地区。

公元375年,王猛积劳成疾,苻坚亲自为王猛祈祷,并派人到名山大川中去为王猛祈福。

不久王猛的病情好转了些,苻坚非常欣慰,下令赦免死罪以下的人,王猛感动地上书叩谢。

王猛台

同年7月,王猛病危,苻坚赶到病榻旁询问后事,王猛微微睁开双眼,对苻坚说:"晋朝虽然偏安江南,但却是华夏正统,而且现在朝廷上下相安无事。我死之后,陛下千万不要攻打晋朝,鲜卑、西羌的贵族才是我们的心腹大患,迟早成为祸害,一定要把他们除掉,这样才能保障国家的安全。"

不久,王猛病逝,苻坚抚棺痛哭数次,对太子说:"上天看来是不想让我统一天下啊,这么快就夺走了我的王猛。"王猛被按照最高的规格隆重安葬,追谥为"武侯"。前秦朝野上下哭声震天,三日都不绝于耳。

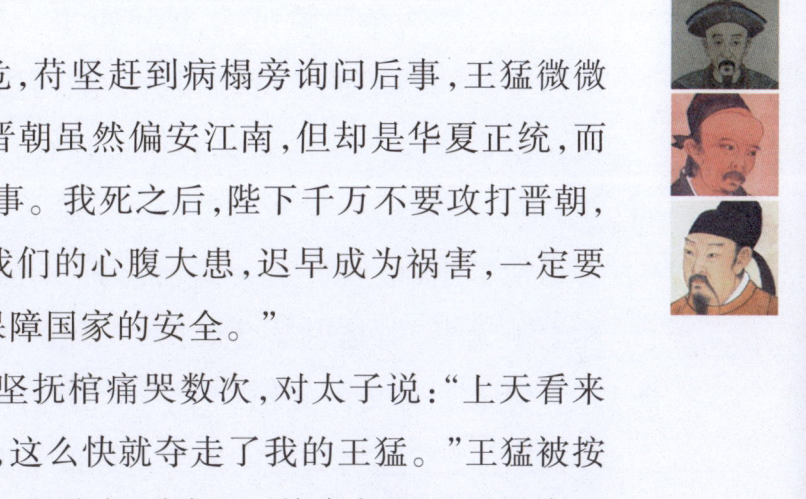

实干宰相——房玄龄

房玄龄是唐初杰出的谋臣，出身书香世家，是一位饱学之士，才智高超，功勋卓著，地位显赫。隋朝末年时投奔李世民，出谋划策。他和杜如晦并为李世民最得力的谋士，二人被合称为"房谋杜断"。

房玄龄幼年聪慧机敏，博览群书。当时天下太平，所有人都认为隋朝的国运还会持续很久，然而房玄龄却在私下里对父亲说："隋帝只是一味地欺骗和迷惑百姓，不施仁政，只重视眼前利益，不替子孙后代做长远打算，混淆了伦理纲常，皇亲贵戚攀比着纵情享乐，最后肯定会自相残杀，不能保全帝位国家。目前虽然太平无事，但是迟早会灭亡。"

父亲听后又惊又怕。十八岁的时候，州里推选他为进士出身，朝廷授予他羽骑尉的职务。吏部侍郎高孝基一向自称善于分辨人的智愚善恶，见到房玄龄后大加称赞，对裴矩说："我认识了这么多人，还没有见过像这个年轻人的。他一定能有大作为，只是可惜不能亲眼看到他大展宏图啊。"正如房玄龄当初的断言一样，不久之后隋朝就因为暴政而导致群雄四起，当时李世民领兵经过渭北，房玄龄奔赴军营门前求见李世民。李世民一见他，便如同老朋友一般,马上任命他为记室参军。

　　房玄龄遇到了李世民这位知己,便尽心尽力出谋划策。每当剿灭一方的割据势力,军中的其他人都争先恐后寻求珍宝奇物,只有房玄龄四处搜寻人才,把他们推荐给李世民,安排到幕府供职。遇到博学多才的文臣和骁勇善战的武将,都私下跟他再三结交,他们都为大唐尽心竭力以报房玄龄的举荐之情。

功比萧何

　　即将发动兵变时,李世民让长孙无忌找来房玄龄和杜如晦,叫他们打扮成道士的模样,秘密来到府中商议对策。玄武门事变后,李世民成为太子,论功劳大小进行奖赏,房玄龄、长孙无忌、杜如晦、尉迟敬德和侯君集五个人的功劳为第一等,晋升房玄龄为邢国公。

　　李世民对其他有功之臣说:"我将各位的功劳排了等级位序,以此确定爵位官阶,但是恐怕不能全都妥当,各位可以谈谈各自的看

房玄龄碑文

法。"淮安王李神通上前说:"起义刚开始的时候,我就首先率领部队响应。如今房玄龄、杜如晦等舞文弄墨的文官功劳却定为第一等,我不服。"

太宗说:"刚开始起义时,叔父虽然率领部队来了,但并没有亲自带军打仗;山东还未平定之时,你出兵讨伐窦建德,却全军覆没。后来刘黑闼起兵,你又望风而逃。现在论功行赏,房玄龄等人运筹帷幄,安定了国家社稷,功劳可比汉朝的萧何,虽然没有战功,但是指挥谋划帮助刘邦成就帝业,因此功劳居于首位。叔父是我血缘最近的亲人,不是我对你吝啬,而是不能因为私情就让你得到跟功臣同等的封赏啊。"李神通听到这些话,羞愧地退下了。

殚精竭虑

房玄龄做了二十二年的宰相,一生尽心竭力,日复一日地处理着繁杂的日常行政事务。虽然身为宰相,但是很多事情他都亲力亲为,每一个官员,他都尽可能地让其展现才华。他任宰相十五年,女儿为韩王的王妃,儿子房遗爱娶了高阳公主,显贵到了极致,但他从来不突出自己,不向人炫耀。

房玄龄碑文

李世民对这位宰相及其地尊重。有一次，李世民在外巡视，想要任命李纬为户部尚书，当时房玄龄留守在京城，李世民特地派人回京去征询他的意见，派去的人回来说："宰相说李纬的一把大胡子长得好。"

李世民问："除此之外还说别的什么了？"派去的人说："没有了。"李世民一听，立刻改任李纬为洛州刺史。

房玄龄像

临终之时，房玄龄对他的儿子说："当今天下太平，只是皇上还在东讨高丽，这是国家的大患啊。主上因为愤怒而决定的事，臣下没有敢犯颜进谏的。我知道如果不说出来，就会含恨而死啊。"于是上表进谏，请求李世民考虑行军打仗给百姓带来的伤害，停止讨伐高丽。

太宗见表，感动地说："这个人都已经病重快要死了，还能忧虑我的国家，真是太难得了。"

临终之际，李世民亲自到他的病床前跟他握手诀别，大封了他的两个儿子。房玄龄病逝，卒年七十。李世民为他停朝三日，追赠太尉，谥号文昭。

千秋金鉴——魏征

魏征是我国古代唐太宗时期最有名的谏臣,声望很高,曾任谏议大夫、左光禄大夫,封郑国公,以直言敢谏著称。

魏征从小就失去了双亲,家境贫寒,但他十分喜欢读书,曾经出家当过道士。隋朝末年,魏征被隋武阳郡丞元宝藏任为书记。元宝藏归顺李密后,魏征也一同归降,被李密任为元帅府文学参军。后来李密失败,魏征跟随他一起降唐。窦建德攻占黎阳时,魏征被俘,窦建德失败后,魏征回到长安,被太子李建成纳入麾下,成为东宫僚属。魏征看到了太子李建成与秦王李世民的明争暗斗,多次劝李建成要先发制人,李建成都没有放在心上。

玄武门之变后,李世民因为赏识魏征的胆识和谋略,不计前嫌,任命他为谏官。经常召见他,询问政事的得失。李世民曾经问魏征:"什么是明君,什么是昏君?"

魏征回答说:"君主之所以贤明,是因为可以听取各方面的意见。君主之所以昏庸,是因为只片面地听取一个人的言辞。从前,秦二世居住在深宫之中,从来不接见其他的大臣,只是对赵高的话深信不疑,甚至天下大乱以后,自己还被蒙在鼓里。隋炀帝就偏信虞世基的话,天下的土地大部分都已经落入了别人的手里,他还不知道呢。"李世民对这番话很赞同。

犯颜直谏

　　魏征性格刚直、敢于犯颜直谏，是唐太宗李世民的重要辅臣，他曾要求李世民让他做一个对国家有用的良臣，而不要让他成为一个对君主尽职的忠臣。魏征曾经先后进谏过二百多次，劝诫李世民要励精图治、任贤纳谏，全部被李世民采纳。有时魏征进谏，会惹怒李世民，但他依然神色自若，毫不退让，这一点让李世民比较佩服，甚至敬畏。

　　有一次，李世民想要去山中游玩打猎，行装都已经准备好，但是后来李世民却改变了主意。魏征知道后问及此事，李世民笑着回答说："当时确实很想出去玩，但是害怕你又来直言进谏，所以就打消了这个念头。"

魏征塑像

还有一次,李世民得到了一只上好的鹞鹰,十分喜爱,放在手里不停地玩弄。当他看见魏征从远处走过来时,赶紧将鹞鹰藏在了袖子中。其实,魏征已经看到了李世民的这一动作,他故意拖延时间,跟李世民说了很久的话,结果鹞鹰闷死了袖子里。

李世民有一次从长安去洛阳,因为当地官吏进贡的东西不好,李世民很生气,魏征对李世民说:"隋炀帝就是因为没有节制地贪图享乐而灭亡的。现在因为贡品不好就胡乱发脾气,以后肯定会上行下效,各地方也都会想方设法地供奉给陛下最好的,让陛下满意,但是供应是有限的,人的欲望确实无限的,长此以往下去,恐怕隋朝的历史悲剧就要重演了。"李世民从此以后很注意节俭。

贞观六年,群臣奏请李世民去泰山封禅,借此向邻邦炫耀功绩和国家富强,只有魏征表示强烈反对。李世民便问:"你反对封禅,是不是认为我功劳不高,德行不够,国内没有安定,四夷没有臣服,五谷没有丰收,祥瑞没有降临?"

魏征回答说:"陛下虽然有以上六德,但是自从隋末天下大乱以来,一直到现在,人口并未恢复,仓库尚未殷实。而陛下东巡封禅,声势浩大,

魏征墓

沿途百姓承受不了。而且封禅之时，必然是万国云集的场面，四夷君长也会一路跟从。现在中原一带，土地荒芜，百废待兴，四夷的君长看到这些景象，怎么会不产生轻视之心？如果赏赐不到位，就无法满足这些人的胃口，减免了百姓的赋税，也无法偿还百姓的花费。这种只是贪图虚名、有百害而无一利的事，陛下为什么要做呢？"李世民沉思良久，最终放弃了东巡封禅的想法。

千秋金鉴

魏征以直谏闻名，但他也不是一味地顶撞和冒犯李世民，他之所以屡谏屡胜，不止是因为李世民善于纳谏，更在于魏征善于进谏，他能够因势利导、循循善诱、寓贬于褒，常常用表扬的方式帮助皇帝改正错误。

贞观十六年，魏征重病卧床，李世民派使者前去探望。魏征一生勤俭节约，家中没有太大的屋子，李世民马上下令把为自己修建宫殿的材料，全部拿去为魏征修建了一座大屋。

不久，魏征病逝在家中。李世民亲自前去吊唁，失声痛哭，并说："用铜做镜子，可以知道衣冠是否端正；用历史做镜子，可以知道国家的兴衰和交替；用人做镜子，可以了解自己的优点和缺点。我一直保存着这三面镜子，用来防范自己的过错。现在魏征不在了，我失去了一面镜子。"

魏征忠诚辅国，犯颜直谏，被誉为"千秋金鉴"，当之无愧。

善断宰相——杜如晦

杜如晦，唐朝初期大臣，他是李世民夺取政权、开创贞观之治的主要谋臣之一，备受唐太宗李世民的信任和重用。凌烟阁二十四功臣之一，与房玄龄并称为"房谋杜断"。

杜如晦出身于官宦之家，年轻时才能出众，喜好读书，性格豪爽不拘，能当机立断。隋朝大业年间，他参加吏部量才授官的考核，吏部侍郎高孝基对他的才华感到十分惊异，对他说："你的才能足以辅佐帝王将相，希望能够保持这种才华。"于是任命他为滏阳县尉，他见隋朝政治腐败，便辞官而去。

高祖李渊平定京城后，秦王李世民闻知杜如晦足智多谋，便把他召进府中为王府兵曹参军，后改任陕州总管府长史。唐政权刚建立起来，需要向各地选派官员。当时秦王府聚集了很多有才能的幕僚，一部分已被调到外地任职，李世民为此忧虑。

房玄龄说他："调离的人虽多，但并不足惜，杜如晦有胆识、有谋略，有辅佐君王的才华。大王若始终掌管地方藩镇，那就没有关系；若是想要治理天下，必须得杜如晦辅佐，因此千万不能让杜如晦外调。"

秦王醒悟地说："幸亏先生点明，否则我可能就要失去他了！"于是立刻奏请唐高祖将杜如晦留在幕府。从此以后，杜如晦跟随李世民四处征战，常常参与军事机密的谋划。当时政多变故，杜如晦裁决处理事情雷厉风行，得到同僚的一致赞同，没有人能够看出他的才能到底有多深。

不久，他被提拔为陕东道大行台司勋郎中，封为建平县男，兼文学馆学士。天策府建立后，他任郎中。李世民被立为皇太子后，他被授予左庶子之职，后来又升为兵部尚书，晋封为蔡国公。

尽心辅佐

李世民登上帝位后，励精图治，开展了一系列的政治改革，杜如晦作为李世民的重要谋臣，竭尽心力地辅佐李世民，在建立朝廷法制、选用官吏等方面发挥了重要的作用。李世民吸取了隋灭亡的教训，缓和了阶级矛盾，使生产力得到了恢复和发展，国家的政权逐渐稳定，经济逐步复苏，开创了历史上有名的"贞观之治"。

在杜如晦担任宰相时，天下刚刚平定，国家的一些法令和制度全由房玄龄和杜如晦两个人讨论来决定。每次在太宗的处所商议政事的时候，房玄龄必定说："一定要等杜如晦来筹划才行。"等杜如晦到

杜如晦像

来之后，又会全部采用房玄龄的计谋。因为杜如晦长于决断，而房玄龄善于谋划，两人彼此十分了解，配合得也很密切，因此能够同心合谋，辅助太宗处理朝政。当时人们谈到良相，必定房、杜二人并称。

杜如晦与房玄龄共同执掌朝政，举荐贤能之人，不贤能的人则降级使用，使每个人都各得其职，当时的风气使人心安定。监察御史陈师合向李世民呈献了一篇《拔士论》，文章中说一个人不可以身兼数职，暗中讽喻杜如晦等人。

唐太宗李世民说："玄龄、如晦今天的地位不是靠有功旧臣的身份得来的，而是凭借着他们的才能参与和治理天下，师合想用这个来离间我们君臣吗？"于是下旨将陈师合贬官流放。

君臣情深

公元630年，杜如晦因病辞官，李世民诏令让他在家养病，并仍旧给他俸禄，并不断地派太医和使者前去探望他。病危的时候，李世民命令皇太子前去问候，并亲自到他家去看他。杜如晦逝世时，年仅四十六岁。太宗极其悲痛，为他停朝三日，追封他为开府仪同三司衔。到了安葬时，又追赠司空衔，谥号"成"。并亲笔手诏虞世南撰文刻在了他的石碑上，以便记载君主痛悼臣子的情意。

后来有一次，李世民吃瓜，瓜味甜美，忽然忆想起杜如晦，悲伤地流下眼泪，派人

杜如晦像

将一半的香瓜祭奠给了杜如晦。

李世民曾赐给房玄龄黄银带,说:"杜如晦和你一同辅佐我,现在就只剩下你一个人了。"话未说完,便凄然地落下了眼泪,"传说鬼神比较畏惧黄银。"于是,他又取出一条黄银带,让房玄龄送到杜如晦的家里。

后来一天夜里,李世民忽然梦见杜如晦像以前一样来朝见他,第二天便把梦见的内容讲给了房玄龄听,并且派他带着皇帝的膳食前往祭奠。

到了杜如晦一周年的丧祭日,太宗还派宫中女官前往杜家去慰问杜如晦的妻室子女,而且他的封地、官宅、官衔、补助都没有取消,李世民对他家的恩宠礼遇一点都没有减少。后来还诏令功臣爵位可以世袭,又追赠他密州刺史衔,封地改至莱国。

杜如晦与房玄龄群雕

千古忠义——李绩

李绩像

李绩，唐初名臣，原名徐世绩，唐高祖李渊赐他李姓，后来为了避唐太宗李世民的讳而改成李绩。被封为英国公，是凌烟阁二十四功臣之一。李绩一生经历唐高祖、唐太宗、唐高宗三朝，深受统治者的信任，一生功绩卓著。

李绩家境丰厚，父亲徐盖是乐善好施之人，经常救济苦难之中的人，从来不分亲疏远近。李绩十七岁那年，天下兵戈四起，他就近参加了翟让的军队，因缺少粮饷，翟让的军队会经常抢夺商旅钱物，李绩劝说翟让："您与我的家乡就是这附近的，乡里乡亲的，不宜侵扰，宋、郑两地运河商旅众多，去那里劫夺更方便。"翟让点头称是，于是在运河上抢夺了无数的财物。有了钱就招募了更多的兵将，隋朝派名将张须陀讨伐，翟让吓得要临阵脱逃，被李绩制止，筹划与随军交战,竟然大获全胜。

当时,蒲山公李密在众多起义军队伍中颇有影响,李密为人身先士卒,号令严整,很受人爱戴。李绩劝说翟让投奔李密,以扩大声势。

翟让、李绩归顺李密后,翟让与李密之间产生了矛盾,主要是由争夺权力引起的。翟让为人粗暴不讲理,李密趁衍庆宫的机会杀了翟让,但是对于翟让的属下李绩、单雄信等人却没有加害。李密后来多次打败隋军,声势最浩大时有三十万兵马。然而,李密在一次与王世充交战中被王世充打败,不得已之下率领残部投靠李渊。

当时李绩统领了李密的旧部,东到大海,南到长江,西到汝州,北到魏郡,李绩对长史郭孝恪说:"主公已经归顺了大唐,现在我所管辖的土地和百姓,都是主公的,我如果献出他们,那就是借主人的失势为自己邀功,求取富贵,我认为这是一种耻辱。现在应该把所辖州县的土地和百姓的人数,全部报告给主公,让主公自己献给朝廷,这样就是他的功劳了。"于是李绩派使者到上表,唐高祖李渊听说李绩派使者来上表,赶忙召见,一问只有给李密的信,非常奇怪。使者把李绩的意图告诉李渊,李渊非常高兴

唐太宗像

地说:"如此感念主人的恩德,真是一个淳厚的臣子。"立刻下诏封李绩为黎阳总管,莱国公,赐姓李氏。

千古忠义

李密归唐后,李渊只给了他一个光禄卿的闲散官职。李密心怀不满,决心反唐,结果失败被诛。李绩听说李密被诛的事情,上表请求朝廷允许他收葬故主,李渊答应了他的请求。李绩身穿重孝,和李密原来的僚属旧臣隆重地把李密安葬于黎山的南面,朝野上下听说之后都赞叹他的忠义。

李密当初兵败时,单雄信率领部下投靠了王世充。李世民进攻洛阳时,与单雄信相遇,单雄信号为"飞将",勇武非常,挺枪直刺李世民,好几次差点要了李世民的命。王世充投降之后,李世民准备处决王世充手下与唐军苦战的大将,其中就有单雄信。李绩知道后哭着向李世民求情,以自己所有的家财和爵位来换单雄信一命,由于先前差点被单雄信杀掉,李世民坚决不答应。李绩无可奈何,与单雄信在狱中诀别。单雄信却埋怨他:"我就知道你办不成事。"

单雄信画像

昭陵

李绩悲痛欲绝，用刀从腿上割下了一块肉给单雄信吃掉，说："本来想与仁兄一起死，但恐怕无人照顾兄长家小。这块肉跟随兄长入地下，以表我真情。"单雄信死后，李绩就像照顾自己的家人一样照顾他的妻子儿女，可以算得上是千古忠义的楷模。

知人善用

李绩戎马半生，经历大小无数战役，立下了不朽的战功，表现了非凡的军事才能。唐太宗曾经多次称赞他，认为古代的韩信、白起、卫青、霍去病都不如李绩。李绩七十三岁的时候，仍然东征高句丽，终于平定而回，了却了唐太宗生前多次征讨高句丽而未果的遗愿。

李绩是一个杰出的谋臣良将，他的一个重要特点，就是知人善用，举贤荐能。李绩担任并州都督时，发现参军张文瓘很有才华，因此对他特别看中。当时李绩帐下还有两个下属官员，李绩对他们也很器重。李绩被调入京城时，分别赠送那两个下属官员一柄佩刀和一条玉带，唯独没有送任何东西给张文瓘。

昭陵

张文瓘一路送了他二十多里地,李绩对他说:"相送千里,终有一别,你为什么送得这样远呢?快回去吧。"张文瓘说:"大家都收到了你赠送的礼物,唯独没有我没有收到,所以心中十分不安。"

李绩说:"你不要认为没有收到礼物是坏事,他们两个人,一个做事优柔寡断,所以赠给他一柄刀,提醒他处事要果断。一个放荡不羁,所以赠给他一条带子,警戒他要时刻注意约束自己。你很有才华,也没有什么事情处理得不好,还需要赠送什么呢?"李绩回京后,对张文瓘极力推荐提携,之后张文瓘一直坐到宰相的位子。

一次,李绩得了急病,医生开的药方说这个病可以拿胡须灰做药引子。唐太宗听说后,自剪胡须,为李绩和药。古人讲究身体发肤受之父母,一般人都不会轻易损伤,更何况是九五至尊的天子亲自剪"龙须"为臣子做药引子。李绩感动万分,太宗说:"我为国家社稷考虑,不必言谢。"

　　唐太宗曾经在宫中设宴,他对李绩说:"我准备把年幼的太子托付给你。你过去没有辜负李密,现在更不会辜负我。"李绩落泪,发誓必定忠心到死。不一会,李绩喝得沉醉不醒,唐太宗就脱下自己的衣服为他盖上以免着凉。

　　唐太宗晚年的时候,曾对太子李治说:"李绩这个人太忠义,你对他无恩,恐怕将来他不能尽力地辅佐你。"为了使李绩忠于李治,唐太宗特地将他贬为叠州都督。唐高宗即位后根据唐太宗的遗命恢复了他的官位,历任尚书左仆射、司空。

　　李绩很善于审时度势,唐高宗曾经问他:"我打算立武昭仪为皇后,你认为如何?"李绩说道:"这是陛下的家事,没有必要问外人。"

　　公元669年,李绩病逝,享年七十六岁,唐高宗为他辍朝七日,赠太尉、扬州大都督,谥号"贞武",陪葬昭陵。

昭陵

神机妙算——刘伯温

刘伯温是元末明初之际杰出的军事谋略家，明朝的开国功臣。刘伯温是中国历史上的一位传奇人物，他通晓天文、精熟兵法，以神机妙算、运筹帷幄著称，后人将他比作诸葛亮。他帮助朱元璋夺取了天下，开创了明朝的基业并协助朱元璋治理国家。

刘伯温自幼聪敏好学，智慧过人，他读书速度很快，十二岁就考中了秀才，被人称为"神童"。十四岁时，刘伯温到府学读书。当时有一本晦涩难懂、文意深奥的儒家经典，对于初学者来说能读通就不错了，根本不能知道文章的涵义。刘伯温却不一样，他读了两遍

刘伯温塑像

就能倒背如流，还深解文义；不仅如此，他还另辟蹊径，能理解出前人从未发表的言论。老师非常惊奇，又拿了些文章来试他，刘伯温都能在读过之后就理解了其中的涵义。刘伯温博览群书，尤其对天文地理和兵法术数有着特殊的爱好，他潜心钻研，十分精通。一次的探访经历使他学习到了丰富的奇门、斗数方面的知识。二十三岁时，刘伯温参加会试，考中了进士。从此，开始了他坎坷曲折的仕途。

刘伯温身处的时期，已经是元朝社会的末期，人民生活痛苦不堪，各地频繁爆发农民起义。刘伯温考中进士后，在家闲居了三年，才被元朝廷授予县丞一职，他一出仕就抱定了要大展宏图的志愿，他打算用全部的才华去干一番大事业。虽然县丞的官职很小，但他并没有因此而感到卑微，他忠于职守、兢兢业业，很快就有了一些政绩。

刘伯温执法严明，对于一些与贪官污吏勾结在一起无法无天、图财害命、无恶不作的豪绅地主，坚决严惩不贷。刘伯温的刚正不阿、一身正气赢得了百姓的赞誉和尊重。在他任职的五年里，当地百姓对他爱戴有加，豪绅地主却对他恨之入骨。

后来刘伯温出任江浙儒副提举，兼任行省考试官。后来因检举监察御史失职，受到了朝中大臣的责难，再加上当时的元朝已经风雨飘摇，官吏贪婪昏聩，刘伯温不愿意再与之同流合污，与水深火热之中的百姓作对，于是他上书辞官。

辅助大明

辞官后的刘伯温一直隐居山林，朱元璋起兵抗元后，招揽了刘伯温，让他担任了谋臣，他充分地展现了自己过人的才干。朱

刘伯温墓

元璋常常征求刘伯温的意见。刘伯温为朱元璋规划了实现雄图霸业的宏伟蓝图，他说："主公如果要大展宏图，必须要除掉张士诚和陈友谅。张士诚胸无大志，不足为虑。陈友谅弑主篡位，野心很大，阴谋诡计很多，他占据了有利的地理位置，兵精将广。我们应该集中兵力歼灭陈友谅，陈友谅除去后，张士诚孤立无援，我们除去他轻而易举。然后，主公就可以挥军北上，夺取中原，统一全国了。"

此后，朱元璋就按照刘伯温的策略一步一步地夺取天下，在鄱阳湖大战中，陈友谅战败，中箭而死。消灭了陈友谅的政权之后，朱元璋又集中兵力攻打张士诚，张士诚最后自缢而亡。朱元璋于公元1368年在南京正式称帝，国号大明，年号洪武。

洪武三年，朱元璋想任命刘伯温为丞相，刘伯温知道自己不适合官场生活，因此一再推脱、请求还乡，朱元璋封他为诚意伯。

获得皇位的朱元璋，开始变得多疑猜忌、刻薄寡恩，对于当初帮助他夺取天下的开国功臣，朱元璋开始诛除他们。刘伯温虽然告老还乡了，但是他疑忌之心并没有减少。刘伯温也知道朱元璋对他不放心，所以他将儿子留在京城为官，算是人质。朱元璋每年年末都会将开国功臣的儿子召到京城，在皇宫中接见，嘘寒问暖一番。所以，退隐之后的刘伯温为人处事非常低调，每天只是喝酒下棋，从来不跟别人说自己之前的功绩。

据说，青田县的县令久慕刘伯温的声明，想拜见一下他，正式的求见都被刘伯温谢绝了，于是县令化妆成普通百姓来见刘伯温，刘伯温让家人煮饭招待县令，县令这才告诉他说："我是青田县的县令。"刘伯温大惊，嘴里自称草民，等到县令走后，就再也不见他了。但是即使韬光养晦到这个程度，朱元璋还是对他不放心。

1375年，刘伯温感染了风寒，朱元璋知道了之后，派丞相胡惟庸带了御医去探望。御医开了药方，他照单抓药回来服用后，觉得好像有拳头大小的石头一般的硬物堵塞在身内，让他十分痛苦。刘伯温抱病觐见了朱元璋，婉转地告诉了他胡惟庸来探病，以及服用御医所开的药之后身体不适的情形。

朱元璋听了之后，只是轻描淡写地说了一些让他宽心养病的话，这让刘伯温很心寒。又过了一个月，刘伯温的病情更加恶化，朱元璋派人护送他返乡。不久，刘伯温病逝。

君臣绝对

刘伯温随朱元璋攻打姑苏时，朱元璋出了一个上联要刘伯温对："天下口，天上口，志在吞吴。"这是个拆字联，"天下口"是

"吞"字,"天上口"是"吴"字,随后又组成"志在吞吴"。

刘伯温稍加思索,根据上联的涵义,对曰:"人中王,人边王,意图全任。""人中王"是"全"字,"人边王"是"任"字,归结为后一句"意图全任"。文字上对得妙,意思上更进了一步,朱元璋说要把江南拿下来,刘伯温却说,江南太小,应该统一全国。

不久,朱元璋就攻下了姑苏,几年后建立了大明王朝,果真统一了全国。

刘伯温塑像

叛明降清——洪承畴

洪承畴出身书香世家,名门望族,原是明将,后降清,是清朝入主中原的重臣,死后被赠少师,谥文襄。乾隆因洪承畴是叛明降清的人,将他列为贰臣甲等,列入《清史·贰臣传》。

洪承畴的母亲傅氏知书达理,教子极严。洪承畴从小就在母亲的教导下,习文读书。他聪明好学,才思敏捷。据说,八岁那年,洪承畴的外公傅员外去世,母亲带他前去拜祭。丧事的主持人问他们有没有准备祭文,母亲摇了摇头,他却说有。进入灵堂后,他向外公的灵位恭敬地跪拜行礼之后,就开始念道:"神风呼请上大人,子孙跪拜孔乙己,金银纸钱化三千,猪头礼品乃小生。"这个祭词是套用《三字经》的句子,没有什么特别之处,但作为一个八岁的孩子,能出口成章,足见其思维的敏捷。洪承畴的这一举动,立即得到在场亲友赞不绝口的夸奖。

松山之战

明朝末年政治腐败,天灾人祸,黎民百姓处于水深火热之中,纷纷举起义旗。洪承畴受明朝廷重用,治军有方,镇压农民起

义节节胜利,在统治阶级内部声名鹊起。

皇太极即位以后,国力大增,清廷对中原地区一直虎视眈眈。为了把势力扩展到全国,皇太极下定决心要攻克山海关和锦州,打通进入中原的要塞,为日后统一全国创造条件。

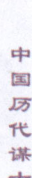

洪承畴铜像

1641年,皇太极发兵攻打锦州,采取长期围困方式,势在必得。洪承畴领兵支援锦州,驻扎在松山北。两军交战后,明军内部将领人心不齐,没有决战的决心,明兵十数万人先后被清军斩杀五万多人,自相践踏致死更是不计其数,剩下残兵万余人被清军团团包围在松山,弹尽粮绝。

松山一直被围困了半年之久,几次突围都被清军歼灭。明援军因为害怕清军,也不敢再来,城中粮食已经所剩无几。不久,松山城被攻破,洪承畴被俘。在清军与农民军两大势力轮番攻击之下,明王朝已经濒临覆灭。

洪承畴被俘后,皇太极爱惜人才,想收为己用,洪承畴却连日绝食,坚决不肯投降。皇太极无计可施,命受宠信的范文程前去劝降,看他是否有宁死不屈的决心。范文程到了洪承畴被囚禁的地方,被洪承畴大声呵斥,范文程绝口不提招降的事,只是与他谈古论今,洪承畴渐渐平静下来,开始与范文程交谈。说话之间，房梁上落下了一块泥巴，掉在了洪承畴的衣服上，洪承畴一面说话，一面不停地用手拂拭。又聊了一会，范文程起身告辞，回来告诉了皇太极："洪承畴是不会死的，他对自己的身上的衣服尚且知道爱惜呢，何况是他自己的身子？"皇太极对洪承畴关怀备至，礼遇丰厚。

　　第二天，皇太极还亲自到关押洪承畴的地方，皇太极嘘寒问暖，看见洪承畴衣衫单薄，当即脱下自己身上的貂裘，披在了洪承畴的身上。洪承畴呆立了片刻，叹着气说："真是真命天子啊！"于是跪拜投降，归顺清朝。皇太极非常高兴，说："我今天获得一个向导，怎么能不高兴呢！"

　　洪承畴降清之后，不仅立下了许多战功，还积极为皇太极出谋划策，加速了明朝的灭亡。

洪承畴纪念园

清军进关后的第一个春节，北京城里的鞭炮声响了整整一夜。大年初一的一大清早，洪承畴睡得正香，守门的侍卫突然闯进了卧堂，手里拿着一副墨迹未干的对联，交给了他。洪承畴接过对联一看，脸立即涨得像个紫茄子，他愤怒地问："这副对联是从哪里来的？"侍卫说："今天早晨刚敲过五更，我到门外巡视的时候，看见有人鬼鬼祟祟地在府门口的对联上又粘贴了一副对联，我就大喊一声冲了过去，那人看见我，立刻就逃走了。"洪承畴为什么会气成这个样子呢？原来那副对联写的是：忠义孝悌礼仪廉；一二三四五六七。上联缺了个"耻"字，下联缺了个"八"字。这分明是骂洪承畴是无耻的王八，他怎么能心平气和呢？

　　松山之战后，突然从东北传来了洪承畴战死的消息，崇祯皇帝听说十分震惊，但更多的是惶惶不可终日，他立刻下了一道圣旨，全国范围内为洪承畴志哀，在北京为洪承畴塑像。这一天，崇祯皇帝正率领文武百官为洪承畴举行祭祀，正在这时，和洪承畴一块作战的随军太监从东北逃了回来，他向崇祯皇帝禀报了洪承畴投降清朝的事实，崇祯皇帝大怒，立刻让石匠把洪承畴的塑像毁掉，气呼呼地返回到了宫中。

　　抗清义士夏完淳被捕后，洪承畴负责审讯，夏完淳故意说："我听说我朝有个洪承畴先生，是个豪杰忠烈，松山一役，为国捐躯，英灵永存我辈心中。我佩服他的忠肝义胆，我年纪虽然小，但是舍身报国，怎么能落在他的后面呢？"旁边的士兵以为夏完淳不认识洪承畴，便提醒他说："别瞎说，上面坐的就是洪大人。"夏完淳说："洪先生以身殉国，全天下谁人不知。先帝为他设立祭坛，全天下人为之痛哭。你们这些叛徒，怎么敢冒充先烈？"洪承畴听后面色羞愧。

洪承畴叛降前,曾经深受崇祯皇帝宠幸,他自己也因此而志得意满,曾在厅堂里挂出了一副对联:"君恩深似海,臣节重如山。"后来洪承畴在松山战役失败后降清,于是有人将他这副对联各加上了一个字:"君恩深似海矣!臣节重如山乎?"

洪承畴功破南京时,有一位老将军被俘,洪承畴积极劝他降清。这位将军大喊:"洪公受国家大恩,早已经舍生取义了。我根本不相信洪承畴会投降!这个洪承畴一定是个冒牌货,是人假扮的!"洪承畴再度颜面扫地,这位老将军不久就被害了。

清初辅臣

清军进关后,顺治皇帝入主紫禁城,他对洪承畴十分器重,而在汉族官员中,洪承畴也是功劳最大的一个,所以封他为当朝一品,入内院佐理军务,授秘书院大学士。洪承畴也是清朝的第一个汉人宰相。

洪承畴为清朝的统治者提出了很多意见和建议,为清王朝作出了很大的贡献。他建议清廷采纳明朝的典章制度,完善清王朝的国家机器,这些典章制度大多都被顺治采纳,大力推行。如恢复明代的内阁票拟制度,以便大学士对用人行政等事务能有所指陈,从而达到防微杜渐的目的。他还建议实行保举连坐法,慎重用人制度。

为了巩固清政府的统治,洪承畴还建议统治集团学习汉文,通晓

洪承畴塑像

汉语，了解汉人的礼仪风俗，倡导儒家学说，逐渐淡化满汉之间的差异。

洪承畴采取以安抚为主、以剿灭为辅的策略，以及一系列减轻百姓负担、刺激经济发展的措施，尽量避免过多的武装冲突和流血，为促使国家迅速统一和安定社会秩序起了积极作用。如招抚、举荐大批明朝降官，请求清政府降低百姓赋税，等等，缓和了新旧政权交替的各种矛盾，促进形成了安定局面。

此外，他还推举了许多明朝官吏，提倡修北方水利，对当时政局的安稳及经济文化的复苏和发展，都起了一定的积极作用。

洪承畴故居

元辅高风——范文程

范文程是北宋名臣范仲淹的第十七世孙,是清初第一谋士,历仕清太祖、太宗、世祖、圣祖四代皇帝,为清初的股肱之臣,死后谥曰"文肃"。

范文程出身名门,喜好读书,性格聪敏坚毅。明初时,范文程的六世祖获罪,全家被发配到辽东戍边。他的曾祖曾任明朝的兵部尚书,但是因得罪了权臣严嵩而遭罢官。此后范家一直流落辽东,范文程就是在沈阳出生的。范文程身材高大伟岸,仪表堂堂,十八岁就中了秀才。

正当他想有所作为,大展心中抱负之时,努尔哈赤率军南下,攻克了抚顺等地,一路大肆掠夺,范文程被掳为奴隶,隶属八旗。开始的时候,因努尔哈赤厌恶汉族的儒生学士,范文程并没有受到重视,但是皇太极即位后,很重视汉

努尔哈赤像

努尔哈赤塑像

人,并设置文馆选拔人才,范文程很快就脱颖而出,被皇太极倚重。从此以后,范文程忠心于清廷,尽心尽力地出谋划策,为清朝统一全国起了相当大的推动作用。

献计献策

范文程尽心地为皇太极出谋划策,很快就博得了皇太极的信任。在几个关乎成败的重要战役中,范文程都屡出奇谋,为清廷入主中原立下了卓著的功勋。

皇太极掌权之后,立刻出兵伐明,但是却在宁远和锦州连遭惨败。不久,蒙古又背叛了与其订立的盟约,皇太极面临着空前绝后的困境。正好在这个时候,明蓟辽总督袁崇焕因整顿军备,提出了议和。范文程建议皇太极接受袁崇焕的议和,也给自己争取了喘息的机会,并提出了一系列针对周边政权的方针策略,

方针策略,这些谋略有力地扭转了后金的不利局面。

公元1629年冬,皇太极带领清军绕过袁崇焕驻守的宁锦防线直逼北京,袁崇焕和辽东守将祖大寿急忙带兵赶回救援,双方在北京城郊激战。范文程向皇太极献反间计,导致一代名将袁崇焕被捕入狱,惨遭处死。范文程的反间计不仅为皇太极消灭了劲敌,也使清军安全地退出了关外。

公元1644年,李自成已攻占北京,但消息尚未传到沈阳。皇太极突然暴死,皇太极第九子福临继位,因年纪尚幼,由多尔衮摄政。多尔衮有再次伐明的念头,但是对于此次出征的战略目标并不明确,是否入关也举棋不定。在这个关键的时刻,范文程以他对时局敏锐的判断,上书多尔衮,奏请立即出兵伐明,夺取天下大权。

他指出,明朝的灭亡已是无法挽回的,清军要尽早入关,失去了这个大好机会,等到农民政权统一了中原之后,那时大局已定,清军就难有作为了。同时,范文程重点强调,这次进军必须纪律严明,对百姓必须秋毫无犯,才能使中原军民闻风归顺。

范文程的判断是极其精准的,对清廷问鼎中原起了至关重要的作用。四月十三日,清军出兵至辽河,正遇吴三桂的乞降书,直到此时多尔衮、范文程才知道李自成已攻占北京、崇祯帝自杀的消息。于是,清军连日兼程赶往山海关,与吴三桂联手击败了李自成。清廷入主紫禁城,范文程可谓居功至伟。

在皇太极加强中央集权、全力推行汉化政策的过程中,范文程也是主要的谋士和推动者之一。清军入主中原后,多尔衮因忙着四处带兵打仗,干脆把所有的日常事务都交给范文程处理,清朝入关后的大部分制度、条例也大多由范文程主持制定,范文程

已然成为清廷文臣领袖。

开国辅臣

清军进军北京后，社会混乱、人心不安、百废待兴。范文程日夜操劳，革除明朝弊政，争取人心。他制定了轻徭薄赋的税收政策，清朝一代的田赋基本上没有加派，这一安抚百姓的制度的确立和实施，范文程功不可没。

范文程

范文程大力争取汉族文人的归顺与合作，起用明朝旧官员，寻访民间大隐之士，让他们出世为官，辅政教民。范文程促使了清朝用人制度从任人唯亲向任人唯贤方面的转化，在推举人才方面对满汉官员做到了一视同仁，让汉族官员在推荐人才这一事项中享受到了与满足官员同等的待遇，一定程度上克服了汉族官员受歧视的自卑感，从而可以全身心地为朝廷效命。

多尔衮在清廷入主中原之后，权势急剧膨胀，初晋叔父摄政王，再升皇叔父摄政王，顺治五年竟然当上了"皇父摄政王"，大有取代顺治帝位的架势。范文程从不居功自傲，处处小心谨慎，不让自己处于权力争斗的漩涡之中。

顺治五年，处于权力顶端的摄政王多尔衮命范文程、刚林、祁充格等人删改《太祖实录》，范文程深知此事关系重大，一旦政局有变，恐有杀身之祸，但又不敢违命不从，于是以养病为借口，闭门避祸。

果然，多尔衮死后，就有朝臣参奏范文程等人妄改《太祖实录》之罪，结果，刚林、祁充格等人以依附多尔衮、妄改《太祖实录》的罪名遭杀戮，范文程则因顺治帝的一纸批示而躲过了一场灭顶之灾。

顺治十一年，顺治帝加范文程为少保兼太子太保；不久，再进为太傅兼太子太师。范文程懂得功高盖主的道理，他上疏称谢的同时，以年老体衰为由请求退休，顺治帝未允。

范文程一生写了数不清的奏章，而且大多是关于国家大计的，但他却将这些奏章的草稿全都付之一炬，把诸多的秘密带到了坟墓里。这样，对于国家、君主和自己来说，都是一种保护与解脱。

顺治帝亲政之后，对范文程尤其敬重。但经历了清初几十年风云变幻的范文程显然已打算急流勇退，不问政事，安享晚年了。

公元1666年8月，这位为大清建国立下了汗马功劳的一代谋臣范文程悄然离世，卒年七十岁，康熙皇帝为其立碑记录功绩。

皇太极像

图书在版编目（CIP）数据

中国历代谋士 / 袁世勋编著. -- 长春：吉林出版集团股份有限公司，2014.10
（历史的天空 / 张帆主编）
ISBN 978-7-5534-5670-6

Ⅰ．①中… Ⅱ．①袁… Ⅲ．①历史人物－生平事迹－中国－少儿读物 Ⅳ．①K82-49

中国版本图书馆 CIP 数据核字（2014）第 221395 号

历史的天空（彩图版）
中国历代谋士
ZHONGGUO LIDAI MOUSHI

著　　者	袁世勋
出 版 人	吴　强
责任编辑	陈佩雄
开　　本	710 mm × 1000 mm　1/16
印　　张	10
字　　数	150千字
版　　次	2014年10月第1版
印　　次	2021年11月第3次印刷
出　　版	吉林出版集团股份有限公司
发　　行	吉林音像出版社有限责任公司
	吉林北方卡通动漫有限责任公司
	（吉林省长春市南关区福祉大路5788号）
电　　话	0431-81629667
印　　刷	鸿鹄（唐山）印务有限公司

ISBN 978-7-5534-5670-6　　定　价　45.00元

如发现印装质量问题，影响阅读，请与出版社联系调换。